Paul Becker

Der völkerrechtliche Schutz des menschlichen Lebens auf hoher See

Paul Becker

Der völkerrechtliche Schutz des menschlichen Lebens auf hoher See

ISBN/EAN: 9783954272808
Erscheinungsjahr: 2013
Erscheinungsort: Bremen, Deutschland

© maritimepress in Europäischer Hochschulverlag GmbH & Co. KG, Fahrenheitstr. 1, 28359 Bremen. Alle Rechte beim Verlag und bei den jeweiligen Lizenzgebern.

www.maritimepress.de | office@maritimepress.de

Bei diesem Titel handelt es sich um den Nachdruck eines historischen, lange vergriffenen Buches. Da elektronische Druckvorlagen für diese Titel nicht existieren, musste auf alte Vorlagen zurückgegriffen werden. Hieraus zwangsläufig resultierende Qualitätsverluste bitten wir zu entschuldigen.

Der völkerrechtliche Schutz des menschlichen Lebens auf hoher See.

Inaugural-Dissertation

zur

Erlangung der rechts- u. staatswissenschaftlichen Doktorwürde

verfaßt und der

Hohen rechts- u. staatswissenschaftlichen Fakultät

der

Bayer. Julius-Maximilians-Universität zu Würzburg

vorgelegt von

Paul Becker

Cöln

Würzburg
Buchdruckerei J. Melxner
1919.

Dem Gedenken meines Vaters;
Meiner Mutter.

Inhalt.

§ 1. Die geschichtliche Entwicklung.
§ 2. Die Pflicht zur Hilfeleistung in Seenot.
§ 3. Die Kopenhagener Seerechtskonferenz vom Mai 1913.
§ 4. Die Londoner Seefahrtskonferenz vom November 1913 und der internationale Vertrag vom 20. Januar 1914.
   I. im allgemeinen;
   II. im besonderen,
      a) Sicherung der Seefahrt,
      b) Schiffkonstruktion,
      c) Funkentelegraphie,
      d) Rettungsboote und sonstige Rettungsmittel.
§ 5. Die internationale Freibordkonferenz.
   I. Lücken des Londoner Vertrages.
   II. Verbot der Munitionsverfrachtung an Bord von Passagierschiffen.

Literatur-Verzeichnis.

Abhandlungen aus dem Staats-, Verwaltungs- und Völkerrecht. II. Bd. 1912.
Arch Bürg. R. = Archiv für Bürgerliches Recht.
Arch. ö.-R. = Archiv für öffentliches Recht. 1892, Bd. VII.
Autran, Code international de l'abordage maritime de l'assistance et du sauvetage maritime, 1. ed. 1890 und 1902.
Beernaerd, L'assistance en mer, 1904.
Bonfils-Grah, Lehrbuch des Völkerrechts 3. Aufl., 1904.
Boyens, Comité maritime international in G. Z. 48; 51; ¦54. Central Law Journal 1915.
Denkschrift zu Nr. 510 der Drucksachen der XIII. Legislaturperiode des Reichstages 1. Session. 1914.
Deutsche Schiffahrt, Zeitschrift für die gesamten Interessen von Schiffahrt und Schiffbau, 1912, Nr. 4; 9. 1913, Nr. 6.
D. J. Z. = Deutsche Juristen-Zeitung 1912.
Dinglers, Polytechnisches Journal, 94. Jahrg. Bd. 328 Heft 6.
Droit maritime, Bruxelles seit 1910.
Frank, Das deutsche Strafgesetzbuch 1914.
G. Z., = Zeitschrift für das gesamte Handelsrecht; begründet v. Goldschmidt.
Govare, Etudes sur les tentatives faites en vue d'uniformiser le droit maritime. Conférence maritime de Bruxelles 1905, in Revue de droit intern. privé et de droit pénal intern. 1905. S. 593.
Hostie J., L'unification du droit maritime. Anvers, 1912.
Historicus, The Lusitania Case.
Jahrbuch des Völkerrechts I; II.
Junge, Schiffskollision auf See, 1900.
Knitschky, Die Seegesetzgebung des deutschen Reiches, 1894.
Kohler, Über die Menschenhilfe, in Jherings Jahrb. Bd. 25.
„ Ein Fall der Menschenhilfe im Privatrecht, im Arch. Bürg. R.
Lewis, † G. Z.
v. Liszt, Lehrbuch des Völkerrechts. 7, 10. und 11. Aufl.
Der „Lusitania"-Fall im Urteil von deutschen Gelehrten, Breslau 1915.
Meurer Chr., Der „Lusitania"-Fall.
Münch Wilh., Bergung und Hilfeleistung in Seenot. Diff. Greifswald 1917.
Nautikus, Jahrb. für Deutschlands Seeinteresse. 7. Jahrg.
Nippold, Der völkerrechtliche Vertrag, seine Stellung im Rechtssystem und seine Bedeutung für das internationale Recht.
Ofenbrüggen, Rechtsaltertümer aus der Schweiz III.
Pappenheim, Über die Rettung von Menschenleben in Seenot, in G. Z Bd. 42.

Pardessus, Les lois maritimes anterieures au XVIII siècle. 1828—1846.
Parliamentary, Debates (Officiel Repport). House of Com. Cess. 1912.
Perels, L Das internationale öffentliche Seerecht. 1903.
    „   Die Seestraßenordnung und die ihr verwandten Vorschriften. 1908.
    „   Zum Vorentwurf eines Seeunfallgesetzes. 1909.
Prot — s. Haagener Konferenz.
Reventlow, Graf. Großbritannien, Deutschland und die Londoner Deklaration. Berlin, 1911.
R. G Bl. = Reichsgesetzblatt 1897; 1901; 1906; 1913; 1914.
Review of Reviews. 1910.
Revue du droit international. 1872, IV.
Ritter, Denkschrift zu den Entwürfen des Comité maritime international von Verträgen über Ansegelung und Hilfeleistung in Seenot. Herausgegeben vom deutsch. Verein f. intern. Seerecht, 1903.
Ritter, Le comité maritime international in G. Z. 1903.
Rivier, A. Lehrbuch des Völkerrechts, II. Aufl. 1899.
Seestraßenrecht, Die Vorschriften des Deutschen Reiches über das Seestraßenrecht, 1897.
Stael=Holstein, Baron de, Die Kopenhagener Seerechtskonferenz. Im Jahrb. des Völkerrechts II.
Steinhut, H. „Lusitania".
Tambacopoulos, A. Das Brüsseler Übereinkommen von 1910. Diff. Göttingen. 1915
Unfallverhütungsvorschriften der Seeberufsgenossenschaft,
Verhandlungen des Reichstages 13. Legislaturperiode 1. Session, Bd 294; 304.
York=Antwerp Rules 1890. Grundsätze der Haverei (Deutsche Ausgabe).
Zeitschrift des Vereins deutsch. Ingenieure 1912, Bd. 56, Nr. 40.
Z. V. W. = Zeitschrift für die gesamte Versicherungs=Wissenschaft 1912, Bd. 15, Nr. 5.
Zeitschrift für Völkerrecht Bd. IX, 2.

Die geschichtliche Entwicklung.

Am 20. Januar 1914 unterzeichneten die Vertreter der am Seeverkehr beteiligten Staaten (Deutschland, Österreich-Ungarn, Belgien, Dänemark, Spanien, die Vereinigten Staaten von Amerika, Frankreich, Großbritannien [einschl. Australien, Kanada und Neuseeland], Italien, Norwegen, die Niederlande, Rußland, Schweden) in London einen Vertrag zum Schutze des menschlichen Lebens auf hoher See.

Dieses internationale Abkommen ist der Abschluß langjähriger Bemühungen die Sicherheit der Passagierschiffe und der Passagiere durch ein Zusammenwirken der am überseeischen Verkehr beteiligten Staaten allgemein zu regeln. Von Jahr zu Jahr war der Seeverkehr gewachsen. Groß war die Zahl von Interessenten der verschiedensten Länder, die mit dem Schiff und durch dieses untereinander verbunden waren. Aus aller Herren Länder kamen die Passagiere zusammen. Immer größere Anforderungen wurden daher an die Schifffahrtsgesellschaften gestellt, denn Millionen Menschen und Milliarden an Werten und Handelsgüter gingen über See.[1]) Die Bestrebungen ihre Sicherheit international zu regeln, sind daher eine natürliche Folge der

---

[1]) An Bord des „Titanic" waren folgende Werte: In den Safes befanden sich an deponierten Werten und Kapitalien 6 Millionen, besonders deklariertes Depot eines Einzelnen betrug 2¾ Millionen, an Barmitteln 500000 Mark; die Ladung betrug a) Kolonialwaren 2500000 Mark, b) an verfrachtetem Export anderer Artikel 7 Millionen, c) an holländischen Diamanten 90 Mill.; Der taxierte Wert des Eigentums der Passagiere bezifferte sich auf 40 Mill., der Versicherungswert der Passagiere I. Klasse auf 450 Mill., der Versicherungswert der Passagiere II. Klasse auf 40 Mill., Post im Werte von 10 Mill., diverse Werte ca. 16,5 Mill. Außer den Menschenleben waren also ca. 700 Mill. Mark mit dem Dampfer untergegangen.

wachsenden Ausdehnung und der internationalen Eigenart des Seeverkehrs. Aus der nachfolgenden graphischen Darstellung ergibt sich ein ungefähres Bild der Entwicklung des Seeverkehrs im Hamburger Hafen.¹)

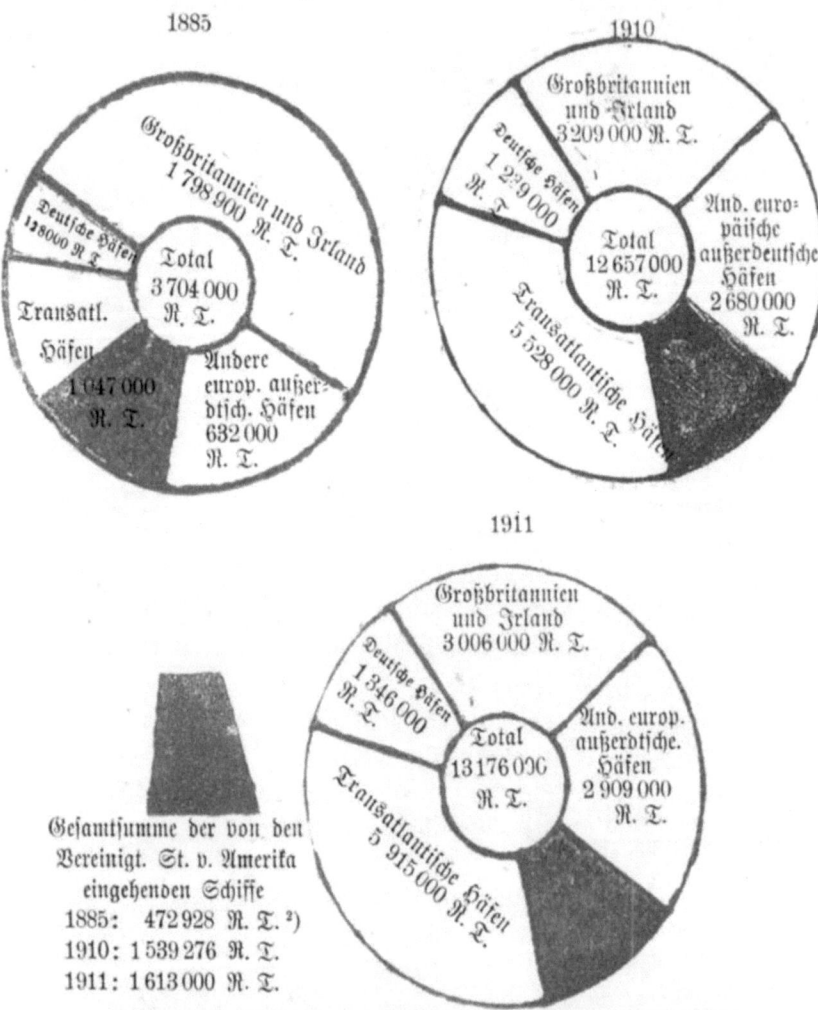

Gesamtsumme der von den Vereinigt. St. v. Amerika eingehenden Schiffe
1885: 472 928 R. T.²)
1910: 1 539 276 R. T.
1911: 1 613 000 R. T.

Solange der Verkehr zwischen den überseeischen Ländern sich hauptsächlich auf Frachten und Auswandererverkehr erstreckte, stellte man an die Sicherheit und die Einrichtung der Schiffe keine großen Anforderungen. Besonders in England stand man

---

¹) Deutsche Schiffahrt 1912, 4 S. 107.
²) R. T. = Register-Tonnen.

den technischen Verbesserungen zurückhaltend gegenüber. Für den Schutz des menschlichen Lebens geschah anfangs überhaupt sehr wenig. Erst gegen Ende des 17. Jahrhunderts setzten dann Bestrebungen ein internationale Abmachungen für die Seeschiffahrt zu treffen durch die Schaffung eines internationalen öffentlichen Seerechtes.

Unter einem „internationalen öffentlichen Seerechts" versteht man diejenigen Anschauungen, die für den internationalen Verkehr als Rechtsnormen gelten[1]). Die wirtschaftlichen Verhältnisse weisen dem Seerecht nun eine besondere Stellung zu. Dies zeigt sich in erster Linie dadurch, daß im Gegensatz zu den sonstigen Transportwegen auf dem Festlande der Seeverkehr auf die weite Meeresfläche, das offene Meer, mare librum genannt, angewiesen ist. Auf diesem ungeheuer großen Gebiete ist das Schiff das einzige dem Menschen zur Verfügung stehende Mittel, durch welches er die Nutzbarmachung erreichen kann. „Ein Transportweg, ein Transportmittel!" Durch die Entwicklung dieses Transportmittels vom kleinen Segler zum Riesendampfer wurden nun besondere Anforderungen an den Verkehr gestellt. Diese versuchte man durch Rechtsnormen, bei deren Aufstellung man die besondere Eigenart des Transportmittels berücksichtigte, allgemein festzulegen. Da es hierfür eine gesetzgebende oberste Instanz nicht gibt, so ist eine Aufstellung von Rechtsgrundsätzen überhaupt nur soweit möglich, als über dieselben im allgemeinen ein internationales Einverständnis besteht. Dieses kommt dann im Abschluß von Staatsverträgen allgemein zum Ausdruck.

Die zwischen den seefahrenden Staaten abgeschlossenen Verträge sicherten jedoch fast nur den Schutz der Sachengüter. Versuche, zu einem einheitlichen Seerecht zu kommen, sind erstmalig in den York=Antwerp Rules von 1864, welche in den Jahren 1890 und 1903 revidiert wurden, gemacht worden. Sie sind jedoch leider nur Vertragsbedingungen, die nach dem Belieben der Parteien Beachtung finden oder außer Acht gelassen werden

---

[1]) Perels, Das intern. öffentl. Seerecht der Gegenwart; Rivier, Lehrbuch d. Völkerrechts; Bonfils=Grah, Le droit international public.

konnten[1]). Ein Fortschritt der internationalen Bestrebungen wurde dann später auf dem Congrès international de droit commercial vom Jahre 1885, der in Antwerpen zusammentrat, erzielt. Leider verfehlten die Bestrebungen dieser Konferenz ihr Ziel, da man sich unter vollkommener Verkennung des Endzweckes ein zu weites Arbeitsfeld abgesteckt hatte. Man wollte damals das Seerecht sofort auf den ersten Anhieb ganz neu regeln, anstatt diese Neuorientierung erst allmählich vorzunehmen. So wurde auf der Konferenz positiv eigentlich nichts erreicht. Ein gedeihlicheres Arbeiten kam jedoch erst zu Stande, als auf Anregung von Louis Franck u. Charles Le Jeune im Jahre 1886 das „Comité maritime international" ins Leben gerufen wurde.[2])

Es wurde als unabhängiges völkerrechtliches Privatinstitut, welches jedoch mit den staatlichen Schiffahrtsbehörden in engster Fühlung stand, gegründet. Seine Tätigkeit wurde durch die „International Law Association" und durch die später gegründeten Gesellschaften der einzelnen Seestaaten gefördert. Die in jedem seefahrenden Staate ins Leben gerufenen Vereinigungen des Comité maritime international sollten die nautischen Interessen ihrer Staaten vertreten[3]). Denn nur bei Berücksichtigung der in den einzelnen Staaten herrschenden Verordnungen und Gebräuche läßt sich ein internationales Recht schaffen, welches unnötige Härten vermeidet. Das enge Zusammenarbeiten der einzelnen Vereinigungen ermöglichte es das Comité international maritime zu stärken und seinen Einfluß auf die staatlichen Behörden zu vergrößern. Heute bildet es nun einen nicht zu unterschätzenden Faktor auf dem Gebiet des internationalen Seeverkehrs. Es ist ja auch begreiflich, daß die Staaten die Bestrebungen privater Organe unterstützen, um ihre Behörden dadurch zu gedeihlichen Arbeiten dauernd anzuregen. Auf die Vorschläge des Comité traten in den folgenden Jahrzehnten Kongresse zusammen, die sich mit der Vereinheitlichung des Seerechtes befaßten. Besonders wandte sich die auf Anregung

---

[1]) Lewis, G. Z. 32.
[2]) Ritter: Comité maritime international in Goldheims Monatsschr. 1903; Jahrb. d. Völkerrechts I. S. 1289.
[3]) In Deutschland durch den Bereich der Seerechtsvereine vertreten.

der Belgischen Regierung in Brüssel zusammengetretene internationale Konferenz von 1905 der Bearbeitung dieser Materie zu.

Zum ersten Male beschränkte man sich darauf, bestimmte Fragen des Seerechtes zu erörtern. So behandelte man in Brüssel die sich aus dem Zusammenstoß von Schiffen und die aus der maritimen Bergung und Hilfeleistung ergebenden Rechtsverhältnisse, die besonders einer allgemeinen Regelung bedurften. Es lag hier eine wesentliche Unsicherheit im internationalen Rechtsverkehr vor, da es in einigen Staaten überhaupt an gesetzlichen Maßnahmen über Bergung und Hilfeleistung in Seenot fehlte. Mehr oder weniger waren ja in den Gesetzgebungen aller Länder Lücken vorhanden. Die Beratungen der Konferenz führten dann im Jahre 1910 zum Abschlusse des Brüsseler Vertrages vom 23. Sept. 1910[1]), welcher versucht, diesem Übel gerecht zu werden. Mittlerweile war die Zahl der an der Konferenz beteiligten Staaten von 13 im Jahre 1905 auf 25 im Jahre 1910 gestiegen.

Der Art. 1 des Vertrages sagt jedoch noch nichts über die Rettung von Menschenleben. Er lautet:

> *„L'assistance et le sauvetage des navires de mer en danger, des choses se trouvant à bord, du fret et du prix de passage, ainsi que les services de même nature rendus entre navires de mer et bateaux de navigation intérieure sont soumis aux dispositions suivantes, sans qu'il y ait à distinguer entre ces deux sortes de services et sans qu'il y ait à tenir compte des eaux où ils ont été rendus".*

An und für sich ist sie auch nicht Gegenstand des Vertrages, der sich hauptsächlich ja nur mit den Sachengütern und ihren Rechtsverhältnissen im Falle der Bergung bei Seenot befaßt. Aber der Art. 11 enthält eine für den internationalen Schutz des menschlichen Lebens auf hoher See entscheidende Bestimmung. Der Art. 11 besagt:

> *„Tout capitaine est tenu, autant qu'il peut le faire sans danger sérieux pour son navire, son équipage, ses pas-*

---

[1]) R. G. Bl. 1913, No. 10, S. 49

sagers, de prêter assistance à toute personne, même ennemie, trouvée en mer en danger de se perdre."

Die Rechtsgeschichte beweist indessen, daß schon in der älteren Zeit gesetzliche Bestimmungen über die Menschenhilfe erlassen wurden. So wurde im Jahre 1615 zu Zofingen (Schweiz) ein Mann zum Tode verurteilt und enthauptet, weil er bei einem Schiffsunglück, wo er sich rettete, auch seine Frau hätte retten können, dies nicht tat[1]). Von Interesse dürfte hier auch eine Bestimmung des Kaisers Friedrich II. in den Constitutiones Siculae 1,29 über die dringende Hilfe bei Schiffsstrandungen und Brandfällen sein[2]). Sie lautet:

„Huic etiam saluberrime sanctioni adjiciendum duximus, ut omnes quibus facultas erit succurrere talibus in tante necessitatis articulo constitutis, sine mora et occasione aliqua subvenire cum his que ad incidentes casus necessaria viderint, pro posse festinent. Negligentes autem, si profata causa legitime se nequiverint excusare unius angustalis pena mulctandos esse censemus".

Durch den Art. 11 des Vertrages von 1910 ist nun zum ersten Male die Pflicht zur Hilfeleistung in Seenot in einem internationalen Vertrage ausgesprochen worden. Man hat also hier den ersten Ansatz der Bestrebungen, durch internationale Bestimmungen den Schutz des menschlichen Lebens auf hoher See zu regeln.

Die Pflicht zur Hilfeleistung in Seenot.

Diese Bestimmung der Pflicht zur Hilfeleistung in Seenot bedurfte einer internationalen Anerkennung, da „Seenot" ja oft aus unübersehbaren und unüberwindlichen Ursachen entsteht. Die hauptsächlichen Gründe, diese an und für sich schon moralische Pflicht zu einer rechtlichen zu machen, sind die unendlich ver-

---

[1]) Ofenbrüggen III. S. 47.
[2]) Kohler, Arch. Bürg. R. 36, S. 3.

schiedenartigen Gefahren, mit denen die Seeschiffahrt verbunden ist, und außerdem die Isoliertheit der Gefährdeten. Wenn auch bei den Seeleuten unter Anerkennung des Grundsatzes: „Heute Retter, Morgen Geretteter" mit größter Opferwilligkeit Hilfe in Seenot geleistet wird, so mußte z. B. das Verhalten des Dampfers „California" beim Untergange des totwunden „Titanic" sehr starken Unwillen erregen. Er befand sich in größter Nähe des havarierten Dampfers und hatte, wie die amtliche Untersuchung auch festgestellt hat, die Hilferufe des „Titanic" gehört. Trotzdem leistete er die erbetene Hilfe nicht. Die Gefahr der Eisfelder war für ihn nicht Verderben bringend. Sein Eingreifen hätte ungefähr 1600 Menschen das Leben gerettet. Dadurch, daß er trotz der gehörten Hilferufe des mit dem Untergange kämpfenden Riesen nicht zur Hilfe eilte, sondern seinen Kurs fortsetzte, machte der Kapitän des Dampfers sich einer strafbaren Handlung schuldig. Er verstieß gegen den Art. 11 der Brüsseler Konvention. Dieser Vorgang ist dann auch Gegenstand einer gerichtlichen Untersuchung[1]) geworden, denn die gesetzliche Auferlegung der Pflicht zur Hilfeleistung in Seenot durch den Staat geschieht in Erfüllung der Aufgabe, nach welcher er die Interessen der Gesamtheit wahrzunehmen hat.

Einzelne Staaten hatten schon in ihrer Einzelgesetzgebung Strafen für eine Nichtbefolgung der Hilfeleistung festgesetzt. So wird in Österreich die Unterlassung der auferlegten Verpflichtung zur Hilfeleistung in Seenot nach § 4 der Verordnung vom 1. Dez. 1880 mit Geldstrafen bis zu 100 Gld. bestraft[2]).

Der italienische Codex per la marina mercantile enthält im Art. 120 die Bestimmung, daß der Kapitän eines nationalen Schiffes verpflichtet ist, jedem Schiff, auch einem feindlichen, welches er in Gefahr findet, unverzüglich Hilfe zu leisten.

Das niederländische Strafgesetzbuch enthält im Art. 474 die Verordnung, daß der Kapitän eines niederländischen Schiffes, welcher versäumt, einem Schiff, seiner Besatzung und seinen

---

[1]) The Parliamentary Debates (Officiel Report) House of Com.
[2]) Vgl. auch § 6 der Verordnung des Handelsministeriums vom ?. März 1901 (R. G. Bl. No. 18).

Passagieren die mögliche Hilfe ohne Gefahr für sein eigenes Schiff und die darauf befindlichen Personen zu leisten, mit Gefängnis bis zu 3 Monaten und Geldstrafe bestraft wird[1]). Da die Gesetzgebung einzelner Staaten in dieser Angelegenheit jedoch Lücken aufwies, so verpflichteten sich die vertragschließenden Staaten im Art. 12 des Brüsseler Vertrages vom 23. Sept. 1910 die zur Bekämpfung der Zuwiderhandlung gegen die auferlegte Pflicht zur Hilfeleistung in Seenot erforderlichen gesetzlichen Maßnahmen zu treffen.

Diese Maßnahme wurde in Deutschland durch das Gesetz vom 7. Januar 1913 Art. 3 getroffen[2]). Danach wird die Zuwiderhandlung gegen die Bestimmung des Art. 11 des Brüsseler Vertrages mit Geldstrafe bis zu 1500 Mk. belegt. Mit Rücksicht auf die Schwere des Vergehens kann man wohl sagen, daß die angedrohte Strafe sehr milde ist. Man sollte hier strafrechtlich schärfer vorgehen. Es müßte durch internationale Vereinbarung ein ius cogens geschaffen werden, welches Verstöße gegen diese Verordnung nicht mit Geldstrafen, sondern mit einer hohen Freiheitsstrafe belegt. Außerdem wäre dem fahrlässigen Kapitän die Berechtigung zu nehmen, ein Schiff zu führen. Es müßte ihm die Lizenz für kleine und große Fahrt, je nach der Schwere des Falles dauernd oder auf eine bestimmte Zeit hin entzogen werden. Dadurch würde schon ein wesentlicher Schutz für das menschliche Leben auf hoher See geschaffen werden.

Die Kopenhagener Seerechtskonferenz vom Mai 1913.

Durch die allgemeine Auferlegung der Pflicht zur Hilfeleistung in Seenot ist immerhin der Grundstein zum internationalen Schutze des menschlichen Lebens auf hoher See gelegt worden.

---

[1]) Autran, Code S. 44.
[2]) R. G. Bl 1913 S. 95.

Vieles ist jedoch der Einzelgesetzgebung der Staaten zur weiteren Regelung noch verblieben. Nach Möglichkeit versuchte nun jeder Staat innerhalb der Grenzen seines Machtbereiches Verordnungen zu treffen, um die Unglücksfälle zu verhüten oder in ihren Wirkungen zu schwächen. Jede Regierung erließ im Gesetz- oder Verwaltungs-Wege für die Schiffe der eigenen Flagge die Verordnungen, welche ihm für die Sicherheit der Schiffe und der Passagiere erforderlich zu sein schienen. Dies sind vor allem die Vorschriften über die Seestraßenordnungen[1]). die Signalordnung[2]), die Bestimmungen über das Ausweichen der Schiffe[3]) und vor allem last not least diejenigen über die Rettungsmaßnahmen[4]), welche jeder Hochseedampfer für die an Bord befindlichen Personen treffen muß. Letztere sind von hervorragendster Bedeutung für den Schutz des Lebens der Besatzung und der Passagiere.

Besonders in Deutschland war man bestrebt, den großen Seedampfern den höchsten Grad der Sicherheit, welchen die Technik ermöglichte, zu verleihen. Die Regierung stützte sich hierbei auf die Arbeiten und Vorschläge der Seeberufsgenossenschaft, deren Unfallverhütungsvorschriften eine gesetzliche Kraft verliehen wurde. Durch eine Reihe von Verordnungen und Gesetzen wurden außerdem eine scharfe Kontrolle über die Werften und Reedereien ausgeübt.

Auch in den Vereinigten Staaten war man darauf bedacht, die Sicherheit der Passagierdampfer für den Überseeverkehr auf der Höhe zu halten, um dadurch den Schutz des menschlichen Lebens gewährleisten zu können. Von Amerika gingen besonders die Bestrebungen aus, diejenigen Schiffe fremder Staaten, welche die Häfen der Vereinigten Staaten anlaufen, zur Vornahme der durch die Passenger

---

[1]) Perels, die Seestraßenordnung.
[2]) Der internationale Signalcoder kam durch die Annahme des von den engl. Board of Trade angefertigten Commercial code of signals for the use of all nations (1857) von Seiten der übrigen seefahrenden Mächte zustande. Die letzte amtliche deutsche Ausgabe ist aus dem Jahre 1901.
[3]) In Deutschland geregelt durch Gesetz vom 7. Jan. 1880 (R. G. Bl. 1880, S. 1). Knitschky, Seegesetzgebung S. 355
[4]) Seeberufsgenossenschaft, die Unfallverhütungsvorschr. der —.

Acts geforderten Sicherheitsmaßnahmen zu veranlassen. Verschiedene Staaten trafen daher Sonderabkommen untereinander, um die Entwicklung des Internationalen Seeverkehrs nicht zu hemmen. Im Laufe der Zeit machten sich jedoch trotz dieser Vorbeugungsmaßregeln Mißstände bemerkbar, welche einer glatten Abwickelung der Geschäfte entgegenstanden. Durch mehr oder weniger berechtigte Kontrollen wurde die Seeschiffahrt behindert. Je mehr sich nun der überseeische Verkehr entwickelte, um so größer wurde das Bedürfnis nach internationalen Abmachungen. Das Comité maritime international machte nun diese Bestrebungen zu den seinigen. Es wurden Vorverhandlungen eingeleitet und den Bemühungen des dänischen Professors Kock, des Präsidenten der dänischen Gesellschaft, gelang es, 1913 eine Seerechtskonferenz nach Kopenhagen einzuberufen Der Zusammentritt wurde dadurch begünstigt, daß alle Welt durch die „Titanic"-Katastrophe die Notwendigkeit erkannt hatte, durch internationale Abmachungen das menschliche Leben auf hoher See zu schützen.

Am 15. April 1912 war der englische Dampfer „Titanic" der White Star Line mit einem Eisberg zusammengestoßen und auf den Grund des Meeres hinabgesunken. Fast 1600 Menschen wurden mit in die Tiefe gerissen. Er war das größte Schiffsunglück, welches die Weltgeschichte bisher zu verzeichnen hatte. Die Augen der ganzen Welt waren daher nach London gerichtet, wo die Untersuchungskommission unter dem Vorsitze des Lord Mersey tagte. Die Untersuchungen dieses Seegerichtes legten die Lücken der maßgebenden Vorschriften über die Sicherheit der Seeschiffe bloß. Die ganze Welt hatte nun ein großes Interesse daran, daß hier Wandel geschaffen wurde und die Angelegenheit nicht im Sande verlief. Wenn die Zeit auch schwere Wunden heilen mag, so sollte diese Katastrophe eine furchtbare Lehre für die Staaten sein.

In Deutschland interessierte sich besonders der Kaiser für das Zustandekommen einer internationalen Konferenz der Seemächte, die sich mit dem Schutze des menschlichen Lebens auf hoher See befassen sollte. Dieser Gedanke fand allseitige Unterstützung, denn man hoffte,

„daß die Schiffahrtsgesellschaften auch aus diesem Unglück lernen würden und, daß sie an Hand dieser traurigen Erfahrungen trachten müßten, die sehr weitgehenden modernen Sicherheitseinrichtungen noch zu verbessern, welche nach unserer Ansicht und nach der Ansicht der Klassifikationsgesellschaften das bisher mögliche und erreichbare Maß von Sicherheit schon geschaffen hatten".[1]

Besonders Amerika nahm sich der Angelegenheit mit größtem Interesse an, hatte es doch Hunderte seiner Staatsangehörigen verloren. Während die Vorbereitungen im Gange waren, befaßte sich die Kopenhagener Seerechtskonferenz zum erstenmale mit den Problemen des öffentlichen internationalen Rechtes. Man hatte auf das Programm der Beratungen als Punkt 3 die Frage „der Sicherheit der Schiffahrt" zur Debatte gestellt. Die Behandlung dieser Materie war natürlich mit Rücksicht auf die internationale Staatenkonferenz, welche später zusammentreten sollte, von hervorragender Bedeutung. Da die Kopenhagener Seerechtskonferenz jedoch keine allgemein bindenden Regeln aufstellen, sondern nur Anregungen dazu geben konnte, unterbreitete sie der auf den Vorschlag der Vereinigten Staaten von Nordamerika Ende 1913 in London zusammentretenden internationalen Schiffahrtskonferenz folgende Vorschläge:[2]

> „I. — Considérant que le progrès continu de la construction navale est essentiel à la sécurité de la vie sur mer; que les services les plus considérables ont été rendus dans ce domaine par les grandes sociétés de classification; que toute réglementation qui entraverait les progrès de la construction on ne s'y adapterait pas serait nuisible qu'utile;
>
> La conférence estime qu'une entente internationale sur la sécurité de la vie humaine sur mer pourrait porter utilement sur des règles générales en matière de télégraphie sans fil, de compartimentage étanche, d'embarcations et moyens de sauvetage et de pontée."

---

[1] Generaldirektor der Hamburg-Amerika-Linie Ballin, Deutsch. Schiffahrt S. 256.
[2] Jahrbuch des Völkerrechts II. 2. S. 1000.

Ferner schlug die Konferenz vor, ein technisches Büro zu errichten, welches die Fragen der Sicherheit der Seeschiffahrt dauernd bearbeiten sollte. Als Sitz desselben wurde Brüssel in Aussicht genommen. Sie unterbreitet ihre Wünsche und Vorschläge der Londoner Seefahrtskonferenz durch folgende Note:

„En vue de centraliser la documentation relative à la sécurité de la navigation, d'en assurer la communication, de faciliter le développement, du régime de réciprocité et d'équivalence des lois et règlements nationaux, de préparer les réformes et les amendements à la reglementations internationale et d'en favoriser l'application uniforme, la conférence estime que l'institution d'un office international permanent, à caractère technique et consultatif, en vue de la sécurité de la navigation, est hautement à recommander."

Weitere Verhandlungen waren in den einzelnen Staaten natürlich der Londoner Konferenz voraufgegangen. Die Seestaaten untersuchten die Verkehrszustände im Schiffahrtsdienst des eigenen Landes. So befaßte sich in Deutschland auf Veranlassung des Reichsamts des Innern die Seeberufsgenossenschaft mit der Frage der Ausrüstung mit Sicherheitsvorkehrungen, insbesondere mit Rettungsboten, bei den dem internationalen Passagierverkehr dienenden Hochseedampfern der deutschen Gesellschaften.

Schon bald nach der Katastrophe hatte das Reichsamt des Innern ebenfalls die Vertreter der Großreedereien zu einer Konferenz einberufen, welche die Unterlagen für die später zusammentretende internationale Konferenz schaffen sollte. Nach Vorbesprechungen der Kommissare der führenden Seestaaten Deutschland, England und Amerika kam man über die leitenden Grundsätze zu einer Einigung. Am 12. November 1913 trat dann die Konferenz in London zusammen und tagte bis zum 20. Januar 1914. An diesem Tage wurde der „internatonale Vertrag zum Schutz des menschlichen Lebens auf See" von den Delegierten sämtlicher beteiligten Staaten unterzeichnet.

Die Londoner Seefahrtskonferenz vom November 1913 und der internationale Vertrag vom 20. Januar 1914.

I. Im allgemeinen.

Ehe auf den Inhalt und die einzelnen Bestimmungen des Vertrages eingegangen wird, soll der allgemeine Charakter desselben kurz besprochen werden. Denn es ist wohl von Interesse zu wissen, wie der Inhalt des Vertrages seine praktische Verwendung im öffentlichen Rechtsleben findet. Der internationale Vertrag vom 20. Januar 1914 gehört zur Kategorie der kollektiven Staatsverträge.

Zunächst schafft der Staatsvertrag nur für die Kontrahenten die gegenseitige Verpflichtung, die gemäß der Vereinbarung erforderlichen Rechtssätze aufzustellen. Der Inhalt des Londoner Vertrages erfordert nun eine Abänderung der Landes-Verordnungen für das Schiffahrtswesen. Dies kann jedoch nur auf dem Wege der Gesetzgebung erfolgen.[1]) Beim Abschluß müssen demnach die Kammern der einzelnen Staaten noch mitwirken. Die Staatsverfassungen bestimmen, auf welche Weise dies geschieht.

Im deutschen Reiche hatte nach Art. 11 der Verfassung

„Der Kaiser das Reich völkerrechtlich zu vertreten . . . . Insoweit Verträge mit fremden Staaten sich auf solche Gegenstände beziehen, welche nach Art. 4 in den Bereich der Reichsgesetzgebung gehören, ist zu ihrem Abschluß die Zustimmung des Bundesrates und zu ihrer Gültigkeit die Genehmigung des Reichstages erforderlich."

Nunmehr gilt das Gesetz über die vorläufige Reichsgewalt vom 10. Februar 1919. Die entgültige Verfassung ist in Vorberatung.

Ähnliche Bestimmungen sind in den Gesetzgebungen der anderen Staaten enthalten.

---

[1]) Eine Ausnahme machen hier die Vereinigten Staaten von Nordamerika; um die Bestimmungen der Übereinkommen für alle Unionstaaten zum bindenden Gesetz zu machen, genügt ebenso wie zum Inkrafttreten des Vertrages die Sanktion von Senat und Präsident.

In Frankreich regelt das Gesetz vom Juli 1875 diese Befugnisse.[1]) Der Art. 2 besagt:

„*Le Président de la République negocie et ratifie les traités. Il en donne connaisance aux chambres aussitôt que l'intérêt et la sûreté de l'État le permettent - - - - ceux qui sont relatifs à l'état des personnes - - - - ne sont définitifs qu'après avoir été votés par les deux chambres.*"

Erst nach dieser Beratung in den Kammern kann ein Staatsvertag ratifiziert werden. „Ratifikation" ist die Genehmigung, Gutheißung des Vertrages seitens des obersten Staatsorganes. Die Delegation der Ratifikationsbefugnis an hohe Beamte findet im allgemeinen sehr selten statt, obgleich es zulässig ist.[2]) Nachdem die beteiligten Staaten den in den Kammern debattierten und genehmigten Vertrag ratifiziert haben, tauschen sie die offiziellen Urkunden der Ratifikation aus. Ist die Ratifikationsurkunde hinterlegt, bezw. ausgetauscht und der Vertrag verfassungsmäßig bekannt gegeben, so tritt er voll und ganz in Kraft. Diese Publikation erfolgt in Deutschland in der Form eines Gesetzes, welches im Reichsgesetzblatt veröffentlicht wird.

Der Staatsvertrag ist nur zwischen den vertragschließenden Staaten gültig. Doch ist regelmäßig der Beitritt dritter Staaten vorgesehen.

Die Staatsverträge sind in der offiziellen Diplomatensprache, der französichen, abgefaßt und nur dieser französische Urtext ist maßgebend. Ergeben sich später Differenzen zwischen ihm und einer landessprachlichen Uebersetzung, so ist er ausschlaggebend. Für die richtige Auslegung und Anwendung der in den Staatsverträgen enthaltenen Vorschriften hat jeder an das Übereinkommen gebundene Kontrahent zu sorgen, indem er die erforderlichen Ausführungsbestimmungen erläßt.

---

[1]) Rivier, S. 326.
[2]) Eine solche Delegation ist dem englischen Vizekönig in Indien und dem russischen Generalgouverneur in Turkestan beigegeben in ihren Vertragsbeziehungen zu den asiatischen Staaten.

Der am 20 Januar 1914 auf der Londoner Seefahrtskonferenz abgeschlossene Vertrag ist von den Delegierten von 13 seefahrenden Staaten unterzeichnet worden. Er ist jedoch bis heutigen Tages nicht ratifiziert.[1]) Der Ausbruch des Weltkrieges im August 1914 verhinderte bis jetzt die allgemeine Ratifikation des Vertrages. Es ist jedoch zu wünschen, daß die Ratifikation baldmöglichst nach Friedensschluß und nach Wiederaufnahme der diplomatischen Beziehungen vollzogen wird[2]).

Der Reichstag beschäftigte sich in seinen Sitzungen vom 30. April und 1. Mai 1914 mit dem Londoner Vertrage und nahm nach kurzer Besprechung die Vorlage in der Sitzung vom 1. Mai in zweiter und dritter Lesung en bloc an.[3]) Sämtliche Parteien erklärten sich im Prinzip mit dem Abkommen einverstanden. Ist durch ihn doch endlich die Möglichkeit geschaffen worden, die deutsche Seeschiffahrt von der hemmenden englisch-amerikanischen Bevormundung zu befreien. Diese politisch-wirtschaftliche Tendenz des Vertrages wird auch in der die Vorlage begleitenden Denkschrift seitens der deutschen Regierung zum Ausdruck gebracht. Man kann den Vertrag wohl als ein hervorragendes Ereignis in der Geschichte des internationalen Seerechts bezeichnen. Von einer eingehenden Stellungnahme zu den einzelnen Punkten des Vertrages hatten die Fraktionen des Reichstages Abstand genommen mit dem Hinweis auf die am Schlusse der Denkschrift zum internationalen Abkommen abgegebene Erklärung des Regierungsvertreters, daß es ja

---

[1]) Zwar bemerkt von Liszt in der 11. Aufl. seines Völkerrechtes (S. 244) im Hinweis auf R. G. Bl. 1914 S. 407, daß Portugal dem Vertrage beigetreten sei. Hier liegt jedoch ein Irrtum vor, denn es handelt sich in der angezogenen Veröffentlichung des R. G. Bl. um den Beitritt Portugals und seiner Kolonien zum Brüsseler Übereinkommen vom 23. September 1910.

[2]) Nach einer Äußerung des Geheimrats Seeliger, Deutscher Delegierter auf der Londoner Konferenz von 1913 z. Zt. Vorsitzender der Abteilung für Schiffahrtssachen der Waffenstillstandskommission in Spaa, beabsichtigt die deutsche Regierung ihren ganzen Einfluß dahin geltend zu machen, daß der Londoner Vertrag eine Anlage des Friedensvertrags wird.

[3]) Verhandlungen des Reichstags XIII, Legislaturper. I. Sess. Bd. 294, S. 8366/8393.

Aufgabe der Kontrahenten, also auch der deutschen Regierung sei, „die Vorschriften der inneren deutschen Gesetzgebung mit dem Vertrage in Einklang zu bringen". Der Regierungsantrag, die Ausstellung der Sicherheitscertifikate und die Kontrollbefugnisse für die deutschen Schiffe der Seeberufsgenossenschaft zu übertragen, löste eine erregte Debatte aus. Eine Einigung ist nicht erzielt worden und man muß daher die Maßnahmen abwarten, welche die deutsche Regierung später auf dem Wege der Gesetzgebung treffen wird.

II. Im Besonderen.

Der Londoner Vertrag ist ein bedeutender Fortschritt auf dem Wege der internationalen Verständigung über die Regelung des Sicherheitsdienstes an Bord der Passagierschiffe. Er umfaßt 74 Artikel, in welchen die maßgebenden Bestimmungen zum Schutze des menschlichen Lebens auf hoher See festgelegt sind. Ein besonderes, dem Vertrage angeschlossenes Reglement, mit 52 Artikeln enthält die erforderlichen Ausführungs-Bestimmungen.

Das dem Vertrag zu Grunde liegende Material ist in den letzten Jahrzehnten gesammelt worden. Es stützt sich jedoch im besonderen auf die Akten der englisch-amerikanischen Seegerichte, welche anläßlich des „Titanic"-Unfalls zusammengetreten waren. Die Verhandlungen der einzelnen Seestaaten, welche dem Zusammentritt der Londoner Konferenz voraufgingen und die einschlägigen Fragen prüften, um Material zu gewinnen, sind vertraulich geführt worden. Nur einzelne Angaben daraus wurden bekannt gegeben. Die ergiebigste Quelle bietet das englische Material. Es enthält die Berichte über die Verhandlungen im englischen Parlament und vor allem das Ergebnis der Untersuchungskommission, deren Sitzungen von Lord Merse in hervorragender Weise ruhig und sachlich geleitet worden sind. Dieser Bericht wurde am 30. Juli 1912 veröffentlicht.

Inhaltlich zerfällt der Londoner Vertrag in vier Hauptabschnitte. Der im ersten Teil des Abkommens zur Sicherheit der internationalen Seeschiffahrt im Nord-Atlantic angeordnete Eisbeobachtungsdienst wurde schon im Anfange des Jahres 1913 von Amerika eingerichtet, da er von besonderer Wichtigkeit war. Durch diese Maßregel war geschehen, was augenblicklich „zur Sicherung des transatlantischen Verkehrs und zur Beruhigung des hier verkehrenden Publikums" geschehen konnte.

Weiterhin behandelt der Vertrag das schwierige Problem der Konstruktionsart und der technischen Ausrüstung der Schiffe. Man hat versucht, durch die im zweiten Teile des Vertrags erlassenen Bestimmungen das „ikarische" Problem der Unsinkbarkeit zu lösen.

Drittens befaßt sich der Vertrag mit der Funkentelegraphie, welche zu einem außerordentlich wichtigen und für die Seeschiffahrt unentbehrlichen Verkehrsmittel geworden war. Die Verhandlungen hatten sich vornehmlich damit befaßt den ununterbrochenen Hördienst einzurichten.

An letzter Stelle beschäftigte man sich mit der Frage der Rettungsbote und -Mittel an Bord der Passagierdampfer. Auf die in diesen vier Abschnitten enthaltenen Verordnungen und Bestimmungen soll nun im Besonderen eingegangen werden. Es soll erörtert werden, inwieweit sie den Schutz des menschlichen Lebens auf hoher See sichern, denn durch sie soll die drohende Gefahr ja auf ein Minimum beschränkt werden.

a) Sicherung der Seefahrt.

Die Sicherung der Seefahrt wird durch den Titel III, Art. 5—15 des Vertrages geregelt. Es wird bestimmt, daß ein besonderer Eisbeobachtungsdienst auf internationaler Basis im nordatlandischen Ozean eingerichtet werden soll, wie ihn ja Nordamerika schon direkt nach der „Titanic"-Katastrophe angeordnet hatte. Er soll drei Aufgaben erfüllen. Zunächst sind die Wracks zu zerstören, ferner sollen die Eisverhältnisse beobachtet und das Treibeis aufgesucht werden. Dieser Dienst ist von ungeheurer Wichtigkeit, denn die Eisgefahr ist eine der größten, welche dem Seeverkehr im Nordatlantic drohen.

„Unsere besten Schiffe sind heute so gebaut und bekleidet, daß der wildeste Sturm ihnen nichts anhaben kann, auch bei vorsichtigster Führung der Nebel nicht, welcher unsere Jugend schreckt. Die von Grönland her schwimmenden Eisungeheuer, die unter Wasser kalben und manchmal nur die Nasenspitze aus der kalten Strömung heben, sind höllische Kerle, gegen deren Wut noch kein Heilkraut wuchs. In ihrem Kurs oft ganz unberechenbar; darum die einzigen Feinde, vor denen auch ein Mutiger, wenn er für andere Leben verantwortlich ist, zittern darf."[1])

Mehr oder weniger sind die Schiffahrtslinien ständig von Eis bedroht. Aus dem Inneren des vereisten Grönlands dringen die Eismassen der gigantischen Gletscher hunderte von Metern breit und hoch zur Küste vor und stürzen dort ins Meer. Man spricht dann davon, daß „der Gletscher kalbt".[2]) Infolge seiner physikalischen Eigenschaft, nach welcher das Wasser 10% schwerer als Eis ist, ragt etwa der neunte Teil des Eises aus dem Meere heraus. Durch die Strömungen des Meeres beeinflußt, treiben die Eisberge dann gegen Süden, um allmählich abzuschmelzen. Zu vielen Hunderten mitunter gefährden sie die Schiffahrtsstraßen im Nordatlantic. Bis in den Monat Mai hinein besteht für die Schiffe der Nordatlanticroute die Gefahr des Zusammenstoßes mit Eisbergen. Am gefährlichsten sind diejenigen Eisberge, die auf einem „Floß" schwimmen, d. h. der hervorragende Teil ruht auf einer Fläche, die sich viele Hunderte von Metern unter Wasser hin erstreckt.[3])

Da sich nun von Jahr zu Jahr die Unglücksfälle mehrten, daß Schiffe mit Eisbergen zusammenstießen oder von ihnen zerschmettert wurden, trafen die großen Schiffahrtsgesellschaften untereinander Maßnahmen zur Verhinderung von Unfällen. Seit dem Jahre 1895 besteht zwischen den führenden Reedereien ein Abkommen, durch welches die im Nordatlantic einzuhaltende Route festgelegt wird. Man unterschied eine nördliche, die im Sommer einzuhaltende, und eine südliche, die im Winter einzuhaltende Fahrstraße.[4]) Das Unglück des „Titanic" wurde gewissermaßen schon dadurch begünstigt, daß man trotz großer Eisgefahr die kürzeste Route, nämlich die nördliche einschlug.

Warum gab die „White-Star-Linie" nun ihrem Kapitän solche Anweisung? Man kann wohl mit Recht voll und ganz

---

[1]) Stead, Review of Reviews 10. Äußerung des Kapitän Smith, des Führers des „Titanic".

[2]) Seemännischer Ausdruck für den physikalischen Vorgang der Teilung.

[3]) Einem solchen Eisberge ist der „Titanic" zum Opfer gefallen.

[4]) Der sog. Nord- und Süd-Track".

behaupten, daß hier ein falscher Ehrgeiz ausschlaggebend war. Konkurrenzneid war die Veranlassung zu fahrlässigem Tun. Die „Cunard-Linie" hatte den Rekord für die Strecke Southampton-New-York mit 5 Tagen 11 Stunden 37 Min. festgesetzt. Das „Blaue Band" des Atlantic wollte nun die „White Star Linie" für sich erobern dadurch, daß sie den Rekord brach. Um dieses Bestreben begreifen zu können, muß man wissen, daß es sich hierbei auch um den Weltruf der Gesellschaft handelte, denn die meisten Passagiere benutzten die Dampfer derjenigen Linie, welche die zurückzulegende Strecke am kürzesten durchmaßen. Ebenso gaben die Staaten ihre Post dem schnellsten Dampfer mit. Aus nachstehender Tabelle geht nun klar hervor, daß die „White Star Linie" in den beiden führenden deutschen Gesellschaften, der „Hamburg-Amerika Linie" und dem „Norddeutschen Lloyd", und ebenso in der „Cunard-Linie" starke Mitbewerber hatte. Die Tabelle veranschaulicht die von den vier Gesellschaften im Jahre 1910 beförderten Personen.

Es wurden befördert:

Namen der Schiffahrts-Gesellschaft.	Von Nordeuropa			Vom Mittelmeer		
	in I. Kl.	in II. Kl.	Zwischendeck	in I. Kl.	in II. Kl.	Zwischendeck
Hamburg-Amerika Linie	12490	24603	97531	1140	1790	16492
Norddeutscher Lloyd	16284	23289	78995	3542	6192	35522
Cunard Line	15656	17938	52443	915	3369	40869
White Star Linie	14862	11983	39353	803	1563	11219

Um wenigstens auf kurze Zeit einen Vorsprung zu haben, ließ sich die „White Star Linie" auf ein leichtfertiges Spiel ein. Auf Grund der ihm gegebenen Weisung änderte der Kapitän Smith trotz zahlreicher Warnungen den Kurs des Dampfers nicht. Mit einer Geschwindigkeit von 21 Knoten fuhr der „Titanic" in die Gefahrzone ein. Noch wenige Minuten vor dem Zusammenstoß hatte der „Titanic" von der „Amerika", die nach Plymouth unterwegs war, die Meldung vom Treiben zweier ungeheurer Eisberge erhalten. Unberücksichtigt war die

Meldung nach Cape Race weitergegeben worden. Ein vernünftiger Kapitän hätte bei großer Eisgefahr in dunkler Nacht gestoppt, um das Leben der ihm anvertrauten Passagiere zu schützen. Dies mag aus nachstehender Äußerung des Herrn Kapitän Kämpf, der früher lange Jahre den Dampfer „Deutschland" der Hapag. befehligt hat, hervorgehen.[1]) Kapitän Kämpf sagt:

Ich traf einmal nachts um 3 Uhr bei dunklem Himmel und starkem Nebel auf kleine Stücke Treibeis. Damals kommandierte ich den Passagierdampfer „Gellert". Ich ahnte Gefahr und kommandierte „Stoppen". Bis Tagesanbruch lagen wir ruhig. Da setzte ein kräftiger Nordwest ein, wir sahen uns vor einem mächtigen Eiskoloß, mit dem wir unbedingt zusammengestoßen wären, wenn wir nicht gestoppt hätten."

Man konnte auch in der Gefahrzone eventl. Gefahr laufen, zwischen Eisberge zu geraten und von ihnen erdrückt zu werden. Daher weicht man am Besten dem Gebiete der Eisfelder in der Winterperiode möglichst aus. Kapitän Smith traf jedoch keine Abwehrmaßnahmen dieser Art, er sollte ja einen Schnelligkeitsrekord aufstellen. Vielleicht ließ er sich durch den an Bord des „Titanic" befindlichen Direktor der „White Star Linie", Ismay, zu seinem Verhalten bestimmen. Denn vor der Senatskommission in New-York wurde festgestellt, daß Ismay zu einer Dame, welche ihn fragte, ob in der Gefahrzone die Schnelligkeit des Schiffes nicht vermindert werde, geäußert haben soll: „Im Gegenteil, wir werden noch schneller fahren". So kam es dann zur Katastrophe. Der „Titanic" kollidierte in voller Fahrt mit einem Eisberge und wurde schwer verletzt. Nach kurzem Todeskampfe versank er in den Fluten. Viel Leid war durch diesen Leichtsinn geschaffen worden. Die Oeffentlichkeit verlangte strengste Untersuchung und schärfste Ahndung. Sie forderte die Schaffung von Maßnahmen, welche eine Wiederholung einer solchen Katastrophe unmöglich machte. Auf der Londoner Konferenz fanden diesbezügliche Beratungen statt.

Der Vertrag sieht in seinem ersten Teil Maßnahmen gegen eine Kollisionsgefahr mit Eisbergen vor. Der von Amerika im Jahre 1913 geschaffene Sicherheitsdienst im Nordantlantic soll von zwei Schiffen dauernd wahrgenommen werden. Zu

---

[1]) Panknin, in Nautikus S. 22.

den Kosten des Unternehmens, dessen Organisation und Leitung den Vereinigten Staaten übertragen wurde, tragen die einzelnen Kontrahenten nach einem bestimmten Schlüssel bei. Der Voranschlag beläuft sich auf 1 Million Mark. Auf Deutschland entfallen 15% der entstehenden Kosten. Der Art. 8 des Vertrages verpflichtet den Kapitän eines jeden Schiffes mit allen ihm zur Verfügung stehenden Mitteln über gefährliches Eis und gefährliche Wracks, denen er begegnet, unverzüglich Meldung an alle in der Nähe befindlichen Schiffe und die nächsten Landstationen zu machen. Für diese äußerst wichtige Mitteilung ist im Reglement ein besonderer internationaler Schlüssel aufgestellt worden.[1] Von Wichtigkeit ist der Art. II des Reglements:

„Grundsätzlich haben alle Funkentelegraphenstationen, die das Sicherheitszeichen[2] wahrnehmen, und die durch Abgabe von Nachrichten dieses Zeichens und der darauf folgenden Sicherheitsnachricht seitens aller anderen Stationen stören können, Stillschweigen zu beobachten, damit allen beteiligten Stationen der Empfang dieser Nachricht möglich wird. Ausgenommen sind Fälle der Not."

Durch die Gleichstellung des „Sicherheitszeichens" mit dem internationalen Seenotruf „S. O. S." (Save Our Souls) ist ein weiterer Schutz für die Sicherheit der Passagierdampfer gegeben. Der Art. IV des Reglements verlangt, daß im Kartenzimmer eines jeden Schiffes ein Abdruck des Schlüssels anzubringen ist. Sehr vorsichtig spricht sich der Vertrag im Art. 13 über die Wahl der Seewege aus, indem er den Gesellschaften selbst die Verantwortung für die Schiffahrtsstraßen im Nordatlantic überläßt. Man kann wohl sagen „leider", denn dadurch bleibt immerhin ein Manquo der Sicherheit vorhanden. Nach dem Unglück des „Titanic" kamen nun die kontinentalen Gesellschaften sofort auf Vorschlag des „Norddeutschen Lloyds" überein, mit Rücksicht auf die stets südlich der „Banc of New Sealand" befindlichen Eismassen die Kapitäne ihrer Nordatlantic-

---

[1] Verhandlung des Reichstags. Bd. 304, S. 81—89. (1913).
[2] Sicherheitszeichen [— — — (TTT)] in Zwischenräumen zehnmal wiederholt; formuliert im internationalen Telegraphenvertrag von St. Petersburg im Juli 1875.

Dampfer anzuweisen, den sogen. „Eistrack" einzuschlagen. Derselbe führt 60 Meilen südlich der früheren Winterroute. Durch diese Maßnahme wird zwar der Reiseweg um 40 Seemeilen verlängert, aber man kann mit ziemlich großer Sicherheit annehmen, daß der Weg ziemlich eisfrei und die Kollisionsgefahr auf ein Minimum beschränkt ist.

Dieses Abkommen der führenden Schiffahrtsgesellschaften ist nun ein rein privates, dem überdies noch der Mangel anhaftet, daß nur eine beschränkte Anzahl von Gesellschaften demselben beigetreten sind. Wenn man den Kapitänen auch mit Rücksicht auf die Eigenart der Meeresströmungen im Nordatlantic einige Freiheit lassen muß, so wäre doch eine internationale Regelung dieser Frage im Interesse der Sicherheit des Seeverkehrs sehr zu begrüßen. Die Londoner Konferenz hat nun diesem Umstande Rechnung getragen.

Im Art. 14 des Vertrages wird den vertragschließenden Seestaaten die Verpflichtung auferlegt, eine Änderung der Seestraßenordnung [1]) herbeizuführen.

Die seepolizeilichen Verhältnisse werden durch das Seestraßenrecht der einzelnen Staaten geregelt. Man versteht unter dem „Seestraßenrecht" den Inbegriff der Normen, welche Schiffe auf See zur Vermeidung von Kollision dem anderen Schiffe gegenüber zu beobachten haben. Ansätze einer Seestraßenordnung, welche zur Vermeidung von Zusammenstößen der Schiffe aufgestellt wurden, findet man schon in älteren Seerechten. Von diesen Spezialregeln jedoch abgesehen, hatten sich nun allgemeine Gebräuche, die beim Begegnen der Schiffe beobachtet wurden, im internationalen Seeverkehr herausgebildet. Eine feste Gestaltung wurde diesen Gebräuchen durch die „Regulations for preventing collisions a sea" von 1862 erstmals gegeben.[2]) Diese Verordnungen regeln das Führen von Lichtern, die Anwendung von Schallsignalen bei Nebel und die Kontrolle der Schiffe auf die hierzu erforderlichen Apparate hin. In der vollen Erkenntnis, daß nur gleichmäßige Bestimmungen eine

---

[1]) Liszt, S. 191.
[2]) Als Anhang zu dem britischen Gesetz vom 29. Juli 1862 erlassen.

Sicherheit im internationalen Seeverkehr garantieren konnten, regelten die seefahrenden Staaten ihrerseits die erforderlichen Anordnungen nach Maßgabe der „Regulations for preventing collisions a sea." Sie gingen darin sogar soweit, daß sie fast eine wortgetreue Übersetzung der englischen Bestimmungen vornahmen. Dieses Verfahren beruht nun auf keinem internationalen Staatenvertrage, sondern es handelt sich lediglich „um ein materiell gemeinsames, nationales Recht".¹) Verhandlungen zwischen den Seestaaten führten jedoch schließlich zu internationalen Beratungen dieser Materie. So befaßte sich die im Jahre 1889 nach Washington einberufene internationale Marinekonferenz mit einer Revision der nationalen Bestimmunngen des Seestraßenrechts. Das auf dieser Konferenz aufgestellte Reglement ist dann das allgemein geltende Recht geworden. Mithin betragen die diesbezüglichen Gesetze der seefahrenden Staaten einen internationalen Charakter.²) Die Brüsseler Konferenz von 1910 befaßte sich ebenfalls mit den Vorschriften zur Verhütung des Zusammenstoßens der Schiffe auf See und traf verschiedene Abänderungen des Washingtoner Reglements.

Dem nach der „Titanic"-Katastrophe in der öffentlichen Meinung hervorgetretenen Wunsche, durch eine internationale Vereinbarung die Fahrgeschwindigkeit in der Fahrzone vorzuschreiben, um die Wettbewerbgefahr auszuschalten bezw. zu vermindern, wurde auf der Londoner Konferenz keine Rechnung getragen. Nach den bisherigen Gebräuchen war es in seemännischen Kreisen im allgemeinen nicht üblich, bei sichtigem Wetter die Fahrgeschwindigkeit zu mindern. Um nun dem Wunsche der Öffentlichkeit gerecht zu werden, hätte man wohl den Art. 16

---

¹) Hughes (§ 118) charakterisiert den Zustand bis zur zweiten Hälfte des 19. Jahrhunderts übrigens dahin: . . . „there were no rules regulating the duties of approaching vessels, and navigation was a happy-go-lucking experiment, in which the unfortunate seafaring man was at the mercy not only of his own captain, but of commanders of approaching vessels as well".

²) Die erste deutsche Verordnung wurde am 22. Dezember 1871 erlassen und durch die kaiserl. Verordnung vom 9. Mai 1897 (R. G. Bl. S. 215 ff.) ergänzt. Die heutige gültige Verfassung ist die Seestraßenordnung vom 5. Februar 1906 (R. G. Bl. S. 125).

der Seestraßenordnung neu formulieren ¹) und in ihm vor allem eine Höchstgeschwindigkeit von ca. 18 Knoten für das Passieren der Gefahrzone bei Nacht festsetzen sollen. Denn dadurch wäre ein großer Sicherheitsfaktor für den internationalen Schiffsverkehr im Nordatlantic geschaffen worden. Es soll das Ziel solcher Abmachungen stets sein, „die Möglichkeit von Schiffskatastrophen zu vermeiden, nicht aber einseitig die Möglichkeit der Rettung zu vermehren". Es muß hier ein jus cogens geschaffen werden, welches dem Rekordsuchen durch die Vorschrift einer festen Route einen Riegel vorschiebt.

Der Londoner Vertrag spricht sich im Art. 10 nur sehr vorsichtig aus:

„Wenn auf oder nahe dem einzuschlagenden Seeweg Eis gemeldet wird, **soll der Kapitän eines jeden Schiffes bei Dunkelheit die Geschwindigkeit seines Schiffes mäßigen** oder den Kurs so ändern, daß er sich genügend aus dem Gefahrbereiche entfernt".

Damit ist, wie schon erwähnt, dem Kapitän des Schiffes zu sehr freie Hand gelassen worden. Es kann also immerhin eine Wiederholung des „Irrtums" des Kapitän Smith, welcher der Eisgefahr entlaufen wollte, vorkommen. Dies darf jedoch nicht geschehen und es ist Pflicht der seefahrenden Staaten, diese Lücke des Vertrages durch strenge Vorschriften auf dem Wege der Einzelgesetzgebung auszufüllen.

Weiterhin hätte man also zu bestimmen, daß beim Einlaufen in die Gefahrzone der Ausguck verstärkt und eine Alarmbereitschaft angeordnet werden müßte.²) Dies ist jedoch unterblieben, denn der Vertrag schweigt sich über diese Materien vollkommen aus.

b) Schiffskonstruktion.

Über dem „Titanic" hatte bei dem Zusammenstoß mit dem Eisberge ein besonderer Unstern gewaltet. Er stieß mit einem

---

¹) „Jedes Fahrzeug muß bei Nebel, dickem Wetter, Schneefall oder heftigen Regengüssen, unter sorgfältiger Berücksichtigung der obwaltenden Umstände und Bedingungen mit mäßiger Geschwindigkeit fahren."

²) Siehe kritische Stellungnahme und Vorschläge zur Abänderung in § 5a der Dissertation.

sog. „Floßeisberg" zusammen und gerade nach der Ausweichseite hin setzte sich der verhängnisvolle Eisberg unter Wasser fort. So wurde der Stoß nicht am Bug aufgenommen, sondern der Dampfer schrammte seitlich der Schiffseite, sodaß Platten an der Steuerbordseite einfach abgerissen wurden und das Wasser direkt in den Innenraum strömte. Alle Welt war ob dieses Vorganges erstaunt, hatte man doch in technischen Kreisen den Dampfer als „practically unsinkable" bezeichnet".[1]) Die Techniker waren vollkommen überrascht, aber sie hatten eben noch nicht genügend Erfahrungen auf dem Gebiete gesammelt. Infolgedessen hatten sich ihre Bestimmungen stets an ein zu geringes Mindestmaß gehalten. Man war sich überhaupt noch nicht klar darüber, wie groß die Anzahl der wasserdichten Schotten sein mußte, und in welchem Verhältnis ihre Anzahl zur Größe des Schiffes zu stehen hatte. Besonders in England war man in den Versammlungen der „Institution of Naval Architects" sehr verschiedener Ansicht über die zu treffenden Maßnahmen gewesen. Erst ein Eingreifen der britischen Admiralität schaffte hier einigermaßen Wandel. Sie forderte für die Schiffe der „Admiralty List", daß die Schotten die Schwimmfähigkeit des Schiffes unbedingt erhalten müßten, selbst wenn ein beliebig großer Raum voll Wasser liefe.[2]) Im Jahre 1888 kam dann die „Life saving appliances act" der „Merchant Shipping Act" zur Annahme, welche sich mit einer weiteren Regelung der Schottenfrage befaßte. Die Kontrolle wurde dem „Board of Trade" übertragen. Von ihm wurde eine Kommission einberufen, welche diesbezügliche Vorschläge machen sollte. Diese Kommission, das „Bulkhead Committee" benannt, legte im Jahre 1891 Vorschläge vor, welche alle Handelsschiffe betreffen sollte. Aus den seegerichtlichen Verhandlungen in London ersah man nun, daß das „Board of Trade" als zuständige Prüfungsinstanz für die englischen Schiffe nur vier

---

[1]) Der „Titanic" war auf der Werft von Harland u. Wolff Ltd. in Belfast gebaut. Er war mit einem neuen eigenartigen Mechanismus versehen. Von der Kapitänsbrücke aus konnte man auf elektrischem Wege alle schweren wasserdichten Schotten auf einmal schließen.

[2]) Polytechn. Journal, Jahrg. 94. Bd. 328, S. 92

Schotte verlangen durfte. Das „Bulkhead Commitee" war mit seiner Forderung die Dampfer mit seiner größeren Anzahl von Schotten auszurüsten nicht allgemein durchgedrungen, da sich vor allen anderen Gesellschaften der britische „Lloyd" seinen Vorschlägen widersetzte. Allerdings hatte sich die „White Star Line" späterhin bei dem Bau des „Titanic" diesen Vorschlägen aus eigenem Antrieb anbequemt und den Dampfer mit 15 Schotten ausgerüstet. Der Untergang des „Titanic" hatte jedoch bewiesen, daß die vorgenommene Unterteilung des Schiffsrumpfes in wasserdichte Abteilungen nicht genügend war. Es ist erforderlich, daß dieselbe auch im Vorschiff sorgfältig durchgeführt wird, ebenso müssen die Querschotten noch mindestens 2—3 Meter über die Wasserlinie heraufgehen. Ferner stellte sich als ein Übel heraus, daß man die Kesselräume bis an die Bordwand durchgeführt hatte. Bei der Beschädigung der Außenhaut strömte das Wasser direkt in dieselben ein[1]).

In Deutschland hatte man auf dem Gebiete „der Unsinkbarkeit" eine reichere Erfahrung. Es mögen hier die Fälle des Schnelldampfers „Spree" aus dem Jahre 1892 und des Dampfers „Köln" aus dem Jahre 1908 erwähnt werden. Auf Veranlassung der Seeberufsgenossenschaft waren für Deutschland besondere Vorschriften schon im Jahre 1896, sowohl für Auswandererschiffe, als auch für Passagierdampfer ausgearbeitet und durch Gesetz geregelt worden[2]).

In England neigte man nach der „Titanic"-Überraschung dazu, sich zu den deutschen Bestimmungen, welche einen größeren Schutz der Passagiere geschaffen hatten, zu bekennen. So empfahl der Vorsitzende des englischen Seegerichts dem „Bulkhared Commitee" sich nicht bloß mit der Schottenfrage der Auswandererschiffe und „Foreign-going"-Schiffe, sondern im weitesten Sinne aller Gattungen von Seeschiffen zu befassen.

Auf der Londoner Seefahrtskonferenz war es jedoch sehr schwierig, eine internationale Regelung der allgemeinen Forderung

---

[1]) Die Schnelldampfer „Lusitania" und „Mauretania" haben auf die Länge der Kesselräume breite Seitenbunkerschotten, welche das Eindringen des Wassers begrenzen. Auch haben die Schiffe keinen sog. „Heizertunnel".

[2]) Z. V. W. S. 1047.

der „Unsinkbarkeit" voll und ganz zu erreichen, da die Ansichten darüber nicht in Einklang zu bringen waren. Der Vertrag befaßt sich in dem Titel IV Art. 16—30 mit den Vorschriften der Schiffskonstruktion und versucht es einigermaßen, soweit der Stand der Technik es ermöglicht, den Wünschen der Öffentlichkeit gerecht zu werden. Man hatte sich zunächst mit der Frage beschäftigt, ob die Größe der Passagierschiffe nicht eine Gefahr für die Passagiere bedeute. Die Ansicht der Sachverständigen sprach sich jedoch auf Grund langjähriger Beobachtungen dahin aus, daß die Sicherheit tatsächlich mit der Größe wächst.

Der Vertrag nimmt zunächst eine Einteilung der Schiffe in „neue" und „vorhandene" vor und setzt als Stichtag für die Einführung der neuen Bauvorschriften den 1. Juli 1915 fest. Die Einteilung der Schotten selbst und ihre Bauart wird durch die technischen Bestimmungen der Art. 1—19 des Reglements geordnet. Sie soll dem Zwecke des Schiffes entsprechend gesteigert werden. So hofft man besonders für die Passagierschiffe einen möglichst hohen Sicherheitskoeffizienten betreffs der Schwimmfähigkeit erhalten. Auch die Stärke und Höhe der Decks, die Maßnahmen gegen Feuersgefahr, die Bestimmungen über die Öffnungen in der Außenhaut der Schiffe, über Doppelböden werden durch den Vertrag geregelt.

Ferner ist die Zahl der Maschinen und Schrauben für die Sicherheit der Hochseedampfer von großer Bedeutung[1]). So sind Schiffe mit einer einzigen Schraube natürlich bei einer Maschinenhavarie, einem Wellenbruch oder gar beim Verlust der Schiffsschraube auf hoher See vollkommen hilflos. Bei Schiffen mit Doppelschrauben ist diese Gefahr sehr gemindert. Die modernen Passagierdampfer mit ihren drei oder vier Schrauben sind dieses Gefahrmomentes behoben und können sich selbst bei dem Verlust des Ruders einigermaßen bis zum sicheren Hafen schleppen.

Auf der Seefahrtskonferenz in London hat man die Frage der Unsinkbarkeit möglichst gefördert, soweit dies nach mensch-

---

[1]) Pagel, Prof., Technischer Leiter des Norddeutschen „Lloyd" in Dtsch. Schiffahrt S. 261.

lichem Ermessen angängig ist. An und für sich bleibt sie ja ein „ikarisches Problem", an dessen Lösung dauernd gearbeitet werden muß. Dies wird auch im Art. 30 des Vertrages ausgesprochen. Sämtliche Kontrahenten sollen auf diesem Gebiete weitere Forschungen anstellen und sich die Ergebnisse dann untereinander mitteilen. Bei diesen weiteren Bestrebungen wäre wohl die Umarbeitung des Art. XIII, Abs. 1 des Reglements von einiger Wichtigkeit. Er regelt das Vorhandensein der Ausgänge aus den wasserdichten Abteilungen und besagt:

„In den für Passagiere und Mannschaften bestimmten Teilen des Schiffes muß jede wasserdichte Abteilung mit einem Ausgange versehen sein, der es den Personen ermöglicht, aus den Abteilungen zu entkommen."

Vielleicht entschließt man sich zu der Bestimmung, diese Abteilungen überhaupt vollständig zu schließen. Der Verkehr könnte dann nach Ansicht von zahlreichen Fachleuten durch Fahrstühle und Treppen umgeleitet werden. Unter Einschränkung der Luxuseinrichtungen an Bord der Dampfer ließe sich dies wohl gut durchführen. Vor allem würde dadurch ein großer Schutz für die Zwischendeckpassagiere geschaffen.

Weiterhin wäre eine Materialprüfung bei der Abnahme des Materials seitens der Unterlieferanten noch allgemein anzuordnen. Im englischen Schiffbau besteht allerdings eine solche Verordnung, sie ist jedoch vollkommen veraltet. Es ist dies „Lloyd's Bauvorschrift" aus dem Jahre 1885. Auf dem Gebiete des Schiffbaues bieten sich also noch lohnende Aufgaben, deren Lösung den Schutz des menschlichen Lebens auf hoher See wesentlich erhöhen würden.

c) Funkentelegraphie.

In seinem dritten Teile behandelt der Vertrag die Materie der Funkentelegraphie. Das Erfindergenie Marconis hatte die Möglichkeit geschaffen, durch Sturm und Nebel Helfer in der Not her beizurufen. Ihm und dem ersten Telegraphisten des „Titanic" Philips, der treu bis zum Untergange auf seinem Posten ausharrte und dann mit in des Meeres geheimnisvolle Tiefen gerissen wurde, verdanken die 700 Geretteten des „Titanic" ihr Leben. Die drahtlosen Wellen vermittelten durch die finstere, unheilschwangere Nacht das Schwanenlied des totwunden Riesen. Andere vernahmen es in Meilenferne und eilten herbei, um ihm zu helfen.

Die Bedeutung der drahtlosen Telegraphie hatte man schon sehr früh erkannt und man hatte sich bemüht diese durch internationale Bestimmungen zu regeln. Die Funkentelegraphie[1]) ist erstmalig international geregelt durch den Vertrag vom 3. Nov. 1906.[2]) Die Station, welche das „Seenotzeichen" hörte, mußte gemäß Art. 21 jeden Verkehr abbrechen.

Die Radiotelegraphische Konferenz von London im Jahre 1912 behandelte ebenfalls dieses Problem unter Berücksichtigung des Schutzes des menschlichen Lebens auf hoher See. Im Mittelpunkte der Verhandlungen stand die obligatorische Einrichtung von Bordstationen auf allen Seedampfern des internationalen Verkehrs. Der Londoner Vertrag vom Juli 1912 enthält in den Art. 3, 6, 9, 14 die für den Verkehr grundlegenden Bestimmungen.[3]) Alle Funkentelegramme werden von einer Zentrale gesammelt und veröffentlicht, sodaß eine Kontrolle dauernd vorhanden ist. Diese Funktion ist neben der Geschäftsführung der Convention radiotélégraphique internationale dem am 3. Nov. 1906 gegründeten Berner Telegraphenbüro übertragen worden. Die Vorgänge, die sich nach dem „Titanic=Unfall" abgespielt haben, ließen klar erkennen, welche hohe Bedeutung der funkentelegraphische Verkehr für die Sicherheit der Menschen auf hoher See hat.[4])

Nur dem Umstand, daß die „Carpatia", „Frankfurt" und „Bremen" Bordstationen hatten, war es zu verdanken, daß einige hundert Menschen bei dieser schauervollen Katastrophe

---

[1]) von Liszt, S. 191, Kausen, die Radiotelegraphie im Völkerrecht 1910 (Würzb. Dissert.)

[2]) R. G. Bl. 1908 S. 411.

[3]) R. G. Bl. 1913 Nr. 38.

[4]) Im Kalenderjahre 1910 sind von den deutschen Küstenstationen 11738 Telegramme mit 281000 Wörtern bearbeitet worden; von den englischen öffentlichen Küstenstationen allein sind 1910 insgesamt 5640 Funkentelegramme an Schiffe gegeben und 34161 Telegramme von Schiffen aufgenommen worden.

wenigstens gerettet werden konnten. Schließlich war es ja auch bloß ein Zufall, daß der Telegraphist der „Carpatia" sich nach Ablauf seiner Dienstzeit gegen Abend noch einmal an den Apparat begeben hatte, um eventl. noch ankommende Telegramme abzuhören.

Man wandte sich daher auf der Londoner Seefahrtskonferenz mit großem Interesse dieser Materie zu. Der Vertrag trifft in dem Tit. V Art. 31—38 die nötigen Bestimmungen. Sämtliche Schiffe mit mehr als 50 Personen an Bord müssen mit funkentelegraphischen Apparaten,[1]) die eine Mindestreichweite von 100 Seemeilen haben sollen, ausgerüstet sein.[2]) Die Londoner Konferenz teilt weiterhin [die Schiffe in drei Kategorien. Zu der ersten gehören die Riesendampfer des Seeverkehrs, die übrigen Passagierschiffe werden zur zweiten, und die Frachtschiffe zur dritten Klasse gerechnet. Der Art. 34 regelt den ununterbrochenen Hördienst auf den Bordstationen und bestimmt:

„Die nach Art. 31 mit einer Funkentelegraphenanlage auszurüstenden Schiffe werden durch die zuständigen Re-

---

[1]) Nach Schiffsrouten und Schiffsart verteilen sich die mit Funkentelegraphie ausgerüsteten deutschen Schiffe wie folgt:

Route	Passagierdampfer	Passagier= u. Frachtdampfer	Frachtdampfer u. Diverse	zus.
Ost= und Nordsee	4	8	15	27
Nordamerika	4	60	—	64
Mittelamerika	—	4	—	4
Südamerika (Ost)	—	20	—	20
„ (West)	—	11	6	17
Mittelmeer	—	—	4	4
Ost= und Westafrika	—	18	—	18
Ostasien	—	9	—	9
Australien	—	6	—	6
Wilde Fahrt	—	—	1	1
Insgesamt	8	136	26	170

(„Hansa" 49. Jahrg. No. 11.)

[2]) Als normale Schiffstation ist für die deutschen Schiffe bisher die 1,5 T. H=Type verwandt worden.

gierungen verpflichtet werden, während der **Fahrt** eine dauernde Hörbereitschaft zu unterhalten, sobald die Regierungen eine solche zum Schutze des menschlichen Lebens auf See für zweckdienlich erachten."

Diese Entscheidung ist sicher zu dehnbar, da sie nur einen bedingten Schutz bietet und die Handhabung derselben der Entscheidung des Kapitäns überläßt. Eine genügende Sicherheit kann jedoch nur dann geschaffen werden, wenn alle die hohe See befahrenden Passagierdampfer gleichmäßig mit funkentelegraphischen Apparaten ausgestattet sind und ein ununterbrochener, **Tag und Nacht** andauernder Hördienst eingerichtet wird.

Im weiteren wird bestimmt, daß auf den Dampfern der ersten Kategorie der ununterbrochene Hördienst **sofort** einzuführen ist. Durch diese Maßnahme ist ein wesentlicher Schritt zum Schutze des menschlichen Lebens an Bord der Passagierdampfer auf internationalem Wege gemacht worden. Man hatte dies auf den besonderen Wunsch Amerikas angeordnet, da jedoch ein großer Mangel an ausgebildetem Hörpersonal vorhanden war, so gestattete man die Verwendung von „geprüften Hörmännern". Unter diesen Leuten versteht man jede Person, welche fähig ist, das Seenotzeichen und das im Reglement des Vertrages formulierte Sicherheitszeichen[1]) des Beobachtungsdienstes aufzunehmen und zu verstehen. Den Leuten wird darüber ein besonderes Befähigungszeugnis ausgestellt. Es wäre sehr erwünscht, wenn man die Erlangung desselben erschweren würde, um Unzulänglichkeiten zu vermeiden.

Im Art. 35 wird eine Reservekraftquelle für den funkentelegraphischen Dienst vorgeschrieben. Sie soll den Dienst auch noch dann ermöglichen, wenn die Schiffsmaschinen durch einen Unfall außer Tätigkeit gesetzt worden sind. Von großem Nutzen dürfte überhaupt das Vorhandensein eines Reserveapparates sein. War es doch ein Zufall, daß ein vorhandener Defekt am Apparate des „Titanic" kurz vor der Katastrophe behoben worden war, sonst wäre der Dampfer vollkommen hilflos gewesen und spurlos versunken.

---

[1]) Reglement S. 84, Art. II.

Der Art. 37 des Vertrages wiederholt im großen und ganzen den Art. 11 des Brüsseler Abkommens vom 23. September 1910 über die Hilfeleistung und Bergung in Seenot. Er gibt weitere Verhaltungsmaßregeln für die Abwicklung des funkentelegraphischen Verkehrs.

d) **Rettungsboote und sonstige Rettungsmittel.**

Schwer gesündigt hatte die internationale Seeschiffahrt auf dem Gebiete des Rettungswesens. Die nach der „Titanic=Katastrophe" in London unter dem Vorsitz des Lord Mersey mit kühler Ruhe und sicherer Sachkunde geführte Seegerichtsuntersuchung hatte krebsartige Schäden auf diesem Gebiete aufgedeckt, durch welche die Bevölkerungen der Seestaaten sehr stark erregt wurden. Nur kurze Zeit werden im Allgemeinen bei einem Unglück die Gemüter von Erregung ergriffen. Diesmal jedoch blieb ein tiefer Eindruck haften. Die an Bord des „Titanic" getroffenen Vorrichtungen zur Rettung der Personen waren vollkommen unzulänglich. Man kann dem „Board of Trade" als ständiger Kontrollinstanz der englischen Schiffahrtsgesellschaften nicht den schweren Vorwurf der Nachläßigkeit ersparen. Denn die Vollständigkeit der Rettungsmittel ist und bleibt die ultima ratio zum Schutze des menschlichen Lebens auf hoher See.[1]) Die Staaten hatten es nie unternommen durch internationale Abmachungen diese hochwichtige Frage zu regeln, denn eigentlich hat z. B. der Deutsche, der sich einer englischen Linie anvertraut, begründeten Anspruch, sein Leben dort für den äußersten Fall ebensoweit gesichert zu sehen, wie dies dem Engländer verbürgt ist, der sich mit einem deutschen Dampfer befördern läßt. Man hatte es aber stillschweigend den einzelnen Staaten überlassen, auf dem Wege der Einzelgesetzgebung die erforderlichen Anordnungen zu treffen.

So befassen sich die Passenger Acts vom 2. August 1882 mit den Rettungsmitteln an Bord der Schiffe. In England stand, wie schon erwähnt, dem „Bord of Trade" die Kon-

---

[1]) Schon im Jahre 1785 hat der Engländer Lucien ein Patent auf ein unsinkbares Rettungsboot erhalten, das für die Rettungsstation in Bamborough an der Nordsee 1790 erbaut wurde. Seine allgemeine Einführung ging jedoch sehr langsam von statten.

trolle der Schiffe zu und von ihm wurden die Verordnungen über die Ausrüstung der Schiffe erlassen. In Deutschland waren auf diesem Gebiete die von der Seeberufsgenossenschaft herausgegebenen Unfallverhütungsvorschriften maßgebend. Wie die „Titanic"-Katastrophe bewiesen hat, genügten jedoch alle maßgebenden Bestimmungen auf diesem Gebiete in keiner Weise den unbedingt erforderlichen Schutzmaßnahmen für die Rettung der an Bord der Dampfer befindlichen Personen. Man war mit einem unbegreiflichen Leichtsinn hier vorgegangen, denn die an die Schiffahrtsgesellschaften gestellten Forderungen hatten sich stets an ein Minimum gehalten.

Der „Titanic" war konzessioniert für folgende Höchstzahl an Personen:[1]

    905 Personen   I. Kajüte
    564   „   II. Kajüte
   1134   „   III. Kajüte

im Ganzen 2603 Passagiere, ferner
    944 Personen der Schiffsbesatzung,

also   3547 Personen im Ganzen.

Tatsächlich waren nun auf der ersten Reise bei der Ausfahrt in Southampton an Bord:
    1316 Passagiere
    892 Mannschaften

also   2208 Personen im Ganzen.

Für diese 2208 Personen an Bord des „Titanic" war nun keineswegs der erforderliche Bootsraum zur Rettung vorhanden, sondern nur für 1178 Menschen. Es befanden sich an Bord:

14 Rettungsboote à 65 Personen . . . . . 910 Personen
 2 andere feste Boote à 40 Personen . . .   80   „
 4 zusammenklappbare Boote à 47 Personen . 188   „

20 Boote . . . . zusammen: für 1178 Personen

Diese Boote waren nun nach der Katastrophe nicht einmal voll besetzt, denn nur 700 Personen ungefähr sind gerettet worden.

---

[1] Z. V. W. S. 1049.

Aus den Untersuchungen des Seegerichtshofes geht hervor, daß 1490 Personen bei dem Unfall ihr Leben eingebüßt haben. Nun hat zwar der Dampfer die von dem „Board of Trade" offiziell vorgeschriebene Anzahl von Rettungsbooten an Bord gehabt. Dies entschuldigt jedoch in keiner Weise weder die Behörde, noch die „White Star Line", denn die betreffenden Vorschriften kennen nur Schiffe bis 10000 Brutto-Registertonnen[1]) und sind seit dem Jahre 1894 nicht mehr revidiert worden. Die Fortschritte der letzten acht Jahre wurden gar nicht mehr berücksichtigt. Immer größer wurden jedoch die Dimensionen der Hochseedampfer. Man hätte also auch die Anforderungen, welche zur Sicherheit der Seeschiffahrt erforderlich waren im entsprechenden Verhältnis steigern müssen. Der Vorsitzende des englischen Seegerichtes Lord Mersey tadelte daher sehr die Saumseligkeit der englischen Aufsichtsbehörde. In Deutschland hatte man stets größere Anforderungen an die von der Schiffahrtsgesellschaft zu treffenden Rettungsmaßnahmen zum Schutze des menschlichen Lebens an Bord der Dampfer gestellt.[2]) Die Zahl der Rettungsboote wurden durch das Auswanderergesetz und weiterhin durch die Verordnungen der Seeberufsgenossenschaft vorgeschrieben. So müssen die für den Hochseeverkehr in Betracht kommenden Dampfer folgende Bootsausrüstung als Mindestmaß haben.

Dampfer mit 3000 Registertonnen 4 Boote, Dampfer von 10000 Registertonnen 12 Boote, Dampfer von 18000 Registertonnen 16 Boote usw. Demnach hätte der „Titanic" nach den deutschen Bestimmungen mindestens 44 Rettungsboote haben müssen. An Bord des Dampfers war die Vorrichtung, 48 Boote

---

[1]) Der „Titanic" war 280 m lang und hatte eine Wasserverdrängung von 60000 Tonnen. Sie übertraf damit ihre Schwesterschiffe „Mauretania" und „Lusitania" um 16000 Tonnen. Die große Wasserverdrängung des Dampfers wäre ihm beinahe schon bei der Ausfahrt zum Verhängnis geworden. Der „Titanic" zog beim Auslaufen aus dem Hafen in Southampton mit solcher Stärke das Wasser an sich, daß die Ankertroßen (7) des in seiner Nähe verankerten Dampfers „New York" brachen. Durch die große Ansaugung des „Titanic" wurde der „New York" auf letzteren zugetrieben. Nur das schnelle Eingreifen von Schleppern verhinderte einen Zusammenstoß.

[2]) Die deutschen Schiffahrtsgesellschaften gingen sogar meistens in der Ausrüstung ihrer Dampfer über die von den Behörden gestellten Forderungen hinaus.

aufzunehmen allerdings vorhanden, aber die „White Star Line" hatte es für angebracht gehalten, nur 20 Boote mitzugeben. Wären 44 Boote vorhanden gewesen, so hätten darin 44×60 = 2460 Personen, also die Gesamtheit der an Bord des „Titanic" befindlichen Personen, Platz gefunden, da jedes größere Rettungsboot 60 Menschen faßt.[1]) In dieser Beziehung trifft also die Reederei die unabweisbare Schuld, ca. 1500 Menschen durch frivole Nachlässigkeit dem Meere geopfert zu haben.

Nun ist aber noch in den deutschen Vorschriften ein sog. Hilfsbootraum vorgesehen bei Schiffen, bei denen nach den obigen Bestimmungen die vorgeschriebenen Boote nicht ausreichen. Dieser kann aus zusammenklappbaren Booten, Rettungsflößen, schwimmenden Decksätzen oder sonstigen gleichwertigen Einrichtungen zur Rettung von Personen bestehen. Man kann also wohl ohne Ruhmredigkeit behaupten, daß man in Deutschland besser für die Sicherheit der Passagiere an Bord der Dampfer gesorgt hat. Es war hier der Untergang der „Cimbria", welche im Jahre 1883 in der Nordsee mit 400 Personen versank, der Anlaß gewesen durch verschiedene gesetzliche Maßnahmen die Sicherheitsvorkehrungen für die deutschen Ozeandampfer zu regeln.

In den Gesetzgebungen der einzelnen Staaten tritt eine sehr große Verschiedenheit auf dem Gebiete der Sicherheitsmaßnahmen zum Schutze des menschlichen Lebens auf hoher See klar hervor. Auf der Londoner Seefahrtskonferenz versuchte man die Lücke auszufüllen und diese höchst wichtige Angelegenheit durch internationale Verständigung zu regeln. „Bootsraum für alle" war die Forderung, welche der Konferenz vorgetragen wurde. Es sollte keine „Überzähligen" mehr an Bord der Schiffe geben. Die Konferenz versucht durch Tit. VI. Art. 39—54 der allgemeinen Forderung gerecht zu werden. Wesentlich ist vor allem hier Leitsatz des Tit. VI:

„In keinem Zeitpunkt der Reise darf ein Schiff eine größere Anzahl von Personen an Bord haben, als in sämtlichen verfügbaren Rettungsbooten und Ponton-Rettungsflößen untergebracht werden können."

---

[1]) Vgl. Deutsche Schiffahrt 1912 No. 9, S. 257.

Damit ist das Vorkommen sog. „Ueberzähliger" vollkommen unmöglich geworden. Sehr eingehend behandelt dann das dem Londoner Vertrag beigegebene Reglement die Rettungsmaßnahmen in dem Art. 27—51. Die Bestimmungen derselben gehen sehr tief auf die Einzelheiten der Materie ein. Zunächst werden die Normalgattungen der Rettungsboote in zwei Hauptkategorien eingeteilt. Man unterscheidet:
1. das gewöhnliche, offene Rettungsboot oder andere Boote mit festen Bordwänden,
2. Boote, bei welchen der obere Teil der Seitenwände aufgeklappt wird.

In den weiteren Artikeln des Reglements wird noch auf die Bauart, das Fassungsvermögen und die Schwimmfähigkeit der Rettungs=Boote und =Flöße eingegangen. Besonders betont wird dann, daß sämtliche Rettungsboote der ersten Kategorie an besonderen Davits[1]) aufgehängt sind. Großer Wert wird auf schnelles und richtiges Zuwasserbringen der Boote gelegt Die besonderen Anweisungen hierzu enthält der Art. 44 des dem Vertrage angeschlossenen Reglements.

Die zweite Kategorie von Booten, die sog. Klappboote mußte man genehmigen, um die erforderlichen Rettungsmittel an Bord bequem unterbringen zu können.

Für Motorboote, welche an und für sich auf hoher See schwer verwendbar sind, waren besondere Bestimmungen erlassen worden, da sie durch ihren feuergefährlichen Betriebsstoff eine dauernde Gefahr für die Schiffe bieten. Die näheren Anordnungen haben die einzelnen Regierungen auf dem Gesetzeswege zu treffen.

In Deutschland sind hier wieder die Vorschriften der Seeberufsgenossenschaft maßgebend. Vorbildlich auf diesem Gebiet sind die Bestimmungen der American Laws governing the Stemboat Inspection Service welche anordnen, daß der erforderliche Betriebsstoff in besonderen feuersicheren, kupfernen Behältern selbst aufbewahrt werden muß. In diesen Bestim-

---

[1]) Die Boote hängen mitschiffs in schweren Bootskrähnen, „Davits" genannt. Meistens kommen Dreh=Davits paarweise zur Anwendung. An Bord des „Titanic" waren Welins Quadrandbavits im Gebrauch. Diese gestatten, daß man zwei Rettungsboote nebeneinander aufhängen kann.

mungen wird weiterhin die Verladung feuergefährlicher Handelsgüter geregelt, auf welche später noch zurückgekommen werden soll.

Um auch noch einen Überschuß an Sicherheitsmaßregeln zu treffen, fordert der Art. 51 des Vertrages:

"Für jede an Bord befindliche Person müssen ein Rettungsgürtel einer anerkannten Art oder ein anderes Gerät von gleicher Schwimmfähigkeit, das sich dem Körper anpaßt, und außerdem eine ausreichende Zahl von Rettungsgürteln oder anderes gleichwertiger Geräte für Kinder vorhanden sein".

Diese Art der Rettungsmittel, Schwimmwesten und Rettungsringe, sind jedoch sehr problematischer Natur. Die mit ihnen ausgerüsteten Personen sind allen Gefahren, die einem Menschen im Wasser zustoßen können, schutzlos ausgesetzt. Die einzelnen Glieder erstarren bei längerem Umhertreiben im Wasser und führen dann den Tod herbei. Auch kann der Verunglückte Passagier den Haifischen oder dem Hungertode zum Opfer fallen. Diese Rettungsmittel verlängern also nur die Qualen seines sicheren Todes, wenn ihn rechtzeitige Hilfe nicht aus seiner schwierigen Lage befreit. Der richtigste Weg durch die Ausrüstung mit Rettungsmitteln, das Leben der Passagiere und der Mannschaften an Bord des Schiffes zu sichern, ist doch nur eine weitgehende Ausrüstung der Hochseeschiffe mit Rettungsbooten, selbst auf Kosten des Luxus und der sonstigen Bequemlichkeiten.

Bei dem Untergang des "Titanic" hatte sich gezeigt, daß sich an Bord des Dampfers nicht genügend geprüfte, sachkundige Mannschaften befanden, welche die Bedienung der Rettungsboote übernehmen konnten. Besonders auf die farbigen Leute war gar kein Verlaß gewesen. Im Augenblick der Katastrophe waren sie keine Stütze, sondern eine Gefahr für die Personen an Bord gewesen. Sie hatten vollkommen den Kopf verloren, stürzten sich sinnlos auf die Rettungsboote, um ihr Leben ohne Rücksicht auf die Passagiere in Sicherheit zu bringen. Diese Beobachtung der Unbrauchbarkeit der Farbigen in Fällen der Not hatte man auch schon früher gemacht. Wenn Stürme über das schwerkämpfende Schiff dahin brausten, so suchten sie ihr

Loggia auf, um dort Lichter anzuzünden und nach den religiösen Gebräuchen ihrer Länder die bösen Geister zu beschwören, anstatt durch tatkräftige Hilfe die übrigen Mannschaften bei ihren Arbeiten zu unterstützen. Um diesem allgemeinem Übel abzuhelfen, bestimmt der Art. 54 nun:

„Für jedes erforderliche Rettungsboot oder -Floß muß eine Mindestzahl geprüfter Bootsleute an Bord sein. — — — — — Unter einem „geprüften Bootsmann" wird jedermann der Besatzung verstanden, der ein Befähigungszeugnis besitzt, das im Namen der zuständigen Verwaltung unter dem im oben genannten Artikel[1]) des angeschlossenen Reglements vorgesehenen Bedingungen ausgestellt ist."

Der Bootsmann muß also nachgewiesen haben, daß er

„— — — in allen Verrichtungen bei dem Zuwasserbringen der Rettungsboote und im Gebrauche der Riemen geübt ist, daß er praktische Kenntnisse in der Handhabung der Rettungsboote selbst besitzt und daß er außerdem die den Gebrauch der verschiedenen Geräte betreffenden Anordnungen zu verstehen und ihnen zu folgen fähig ist."

Damit dürfte die in der Öffentlichkeit lebhaft debattierte Farbigen-Frage hinreichend geregelt sein. Nicht durchführbar war jedoch die amerikanische Forderung, daß auf jedes Boot mindestens zwei Vollmatrosen mit einer dreijährigen Erfahrung zur See kommen sollten. Dies ist bei dem Mangel an solch hochwertigem Fachpersonal unmöglich. Denn die Schiffe werden immer größer, die Deckmannschaft nimmt jedoch nicht in gleichem Maße zu, so daß für jedes Boot kaum ein Mann des rein-seemännischen Personals kommt. Warum soll auch ein Heizer oder Steward, welcher den oben erwähnten Befähigungsnachweis führen kann, nicht gerade so gut seinen Posten im Boot in der Stunde der Gefahr ausfüllen?

Eine Unzulänglichkeit auf dem Gebiete des Rettungswesens liegt jedoch im Art. 51 des angeschlossenen Reglements, welcher fordert:

---

[1]) Gemeint ist Art. 47.

„Wenigstens einmal alle 14 Tage müssen im Hafen oder auf See Musterungen auf den Posten bei den Rettungsbooten —— —— gefolgt von den entsprechenden Übungen abgehalten werden."

Ähnliche Bestimmungen waren auch schon durch die früheren Verordnungen getroffen, jedoch ist ihre Handhabe eine sehr laxe gewesen. Aber auch die Bestimmung des Londoner Vertrages wird keineswegs den Forderungen gerecht, welche man an die Sicherheit der Schiffahrt stellen muß. Die Übungen, von denen ja doch letzten Endes Wohl und Wehe der Personen an Bord abhängt, müssen des öfteren abgehalten werden. Die Reise über den Atlantic dauert ungefähr 5—6 Tage. Am besten werden die Bootsmanöver jedesmal vor dem Auslaufen aus dem Hafen abgehalten, damit das Personal Gelegenheit hat, sich gegenseitig einzuarbeiten. Vielleicht trifft man späterhin eine dementsprechende Abänderung der Londoner Bestimmung und sichert auch eine strenge Durchführung.

Weitere Maßnahmen zur Sicherung des Rettungswesens an Bord der Dampfer muß man der Initiative der einzelnen Schiffahrtsgesellschaften überlassen. Dahin gehört z. B. die Anbringung von wegweisenden Schildern in den Kabinen der Schiffe, von Orientierungstafeln in den Gängen, zum Überfluß könnte man auch noch durch Zeichnung von Orientierungsmarken den Weg zu den Rettungsbooten anweisen, damit der Sinn der angebrachten Schilder von Jedermann verstanden werden könnte. Eine Ausführung dieser Maßnahmen würde natürlich vor allem für die Zwischendeckpassagiere von größtem Nutzen sein. Gerade kleine Maßregeln sind oft die beste Abhilfe.

Auch zur Verhinderung der Feuersgefahr und zur Entdeckung und Löschung von Schiffsbränden sind auf der Londoner Konferenz allgemein bindende Vorschriften vereinbart worden. Der Art. 55 des Vertrages befaßt sich mit dieser Angelegenheit. Er gibt allerdings nur einige Richtlinien und überläßt es der Einzelgesetzgebung der Staaten, hierüber amtliche Anweisungen zu geben. Vorbildlich in der Regelnng dieser Materie sind wieder die schon mehrfach erwähnten American Passenger Acts. Nach ihrem Art. 8 dürfen die der Personenbeförderung nach und aus den Vereinigten Staaten dienenden Schiffe keine Reisenden annehmen, wenn im Laderaum Explosivstoffe untergebracht sind.

„Es soll gesetzlich nicht zulässig sein, an Bord eines solchen Dampf- oder anderen — Schiffes zu nehmen, zu befördern oder zu halten: Nitroglycerin, Dynamit oder irgend einen Sprengstoff oder Sprengstoffmischung, weder Vitriol oder ähnliche Säuren, noch Schießpulver, — ausgenommen für den Schiffsgebrauch — noch irgend einen Stoff oder größere Mengen davon, sei es als Ladung oder als Ballast, welcher ihrer Natur oder Menge nach oder durch die Art ihres Lagerns geeignet erscheinen, sei es einzeln oder im ganzen, die Gesundheit oder die Sicherheit des Schiffes zu gefährden. — — —'

Weiter heißt es dann:

„Es soll gesetzlich nicht zulässig sein, zu befördern, zu fahren, zu übermitteln, zu verschiffen, an Bord zu liefern, liefern zu lassen:

Stoffe oder Waren, die bekannt oder gezeichnet sind als Nitroglycerin, Glonin, Nitroleum oder Sprengöl, Salpeteröl, Pulver, welches mit solchem Öl gemischt ist.

Fasern, welche mit einem solchen Stoff oder einer Substanz gesättigt sind oder in einem Schiff oder Fuhrwerk, das zur Personenbeförderung zu Lande oder zu Wasser zwischen einem Orte im Auslande und einem innerhalb der Grenzen eines Staates, Territoriums oder Distriktes der Vereinigten Staaten oder einem anderen Orte in einem anderen Staate, Territorium oder Distrikt daselbst gebraucht wird oder bestimmt ist.

Die Hüter der Streifen und Sterne haben durch diese Verordnungen einen starken Schutz für die Sicherheit der Passagiere an Bord der amerikanischen Schiffe gegeben. Doch müssen diese Verordnungen auch beobachtet werden.[1]

In dem Art. 69 des dem Londoner Vertrag angeschlossenen Reglements sind schließlich noch Anordnungen getroffen, die geeignet sind, auftretende Brände an Bord zu verhindern oder zu beseitigen. Man hat also auf dem Gebiete des Rettungswesens das den Menschen möglichste geleistet, um den Schutz des menschlichen Lebens auf hoher See auf die höchste Stufe zu bringen.

Um die Bestimmungen des Londoner Vertrages in ihrer Gesamtheit wirksam zu machen, werden die Einzelstaaten durch den Art. 57 angehalten, ihrerseits a m t l i c h e Besichtigungen der Schiffe vornehmen zu lassen. Ein amtliches „Sicherheits-

---

[1] Siehe Lusitaniafall im Jahre 1915.

zertifikat" soll dann erweisen, daß alle Verordnungen des Londoner Vertrages bei der Ausrüstung des betreffenden Schiffes befolgt worden sind. Die Gültigkeit dieses Dokumentes ist auf höchstens 12 Monate beschränkt. Dadurch ist man in der Lage, die Schiffe stets auf der Höhe der modernsten Anforderungen zu halten. Die Kontrolle der Schiffe in den fremdländischen Häfen soll sich nun nach Abschluß des internationalen Vertrages nur darauf beschränken, ob sich ein gültiges Sicherheitszertifikat an Bord befindet. Jedoch ist eine besondere Prüfung nach erlittenen Unfällen, welche die Seetüchtigkeit des Schiffes beeinträchtigen, vorzunehmen. Durch diese Beschränkung der Kontrolle in den fremdherrlichen Häfen ist die Abwicklung des internationalen Seeverkehrs wesentlich erleichtert worden, denn früher versuchten die seefahrenden Staaten die Schiffe fremder Länder, welche ihre Häfen anliefen, unter das im eigenen Lande geltende Gesetz zu zwingen und ihnen jede Pflicht aufzubürden, deren Erfüllung ihnen nötig dünkte. Dadurch entstanden im internationalen Seeverkehr Schwierigkeiten mancherlei Art. Es war daher sehr zu begrüßen, daß hierin die Londner Konferenz Wandel geschaffen hat.

Den einzelnen Kontrahenten war es überlassen worden, die jeweilige amtliche Kontrollstelle für den eigenen Machtbereich durch Landesgesetz zu bestimmen. Bei der Vorlage des Abkommens im Reichstag in der Sitzung vom 1. Mai 1914 kam es hierüber zu großen Meinungsverschiedenheiten. Der Plan der Regierung, die Seeberufsgenossenschaft mit der amtlichen Kontrolle offiziell zu beauftragen, stieß auf großen Widerstand. Man lehnte die Seeberufsgenossenschaft ab und dies wohl nicht mit Unrecht. So schreibt auch Kapitän Jerrmann (Hamburg):[1]

> „Die Seeberufsgenossenschaft ist keine Behörde; sie hat keine Vollzugsgewalt, die sie berechtigte, ihren Forderungen Nachdruck zu geben. Nur indirekt übt sie durch ihre Vorschriften einen Zwang auf den Reeder aus, und wenn dieser nicht gehorchen will, ist sie ihm gegenüber im allgemeinen machtlos."

[1] Dtsch. Schiffahrt, 1913, Heft 4.

Unbeachtet ihrer großen Verdienste um die Entwicklung der deutschen Seeschiffahrt[1]) bleibt sie doch nur eine Korporation von Interessenten. Man forderte infolgedessen die Gründung eines Reichsschiffahrtsamtes.[2]) Aber dem allgemeinen Interesse wäre vielleicht am besten gedient, wenn man den zuständigen Seeämtern die Kontrolle über die deutschen Schiffe übertragen würde. Das Seeunfallgesetz von 1910 besagt in § 7:

„Das Seeamt bildet eine kollegiale Behörde und besteht aus einem Vorsitzenden und vier Beisitzern. — — — — —
Wenigstens zwei von den Beisitzern müssen die Befähigung als Schiffer auf großer Fahrt besitzen; einer von diesen muß innerhalb der letzten 10 Jahre im Ganzen mindestens ein Jahr als Kapitän in großer oder mittlerer Fahrt gefahren sein."

Gibt man dieser **amtlichen** Behörde noch zwei technische Sachverständige bei, so wäre die erforderliche Kontrollbehörde einwandfrei geschaffen. Die Seeämter wären auch mit den Voruntersuchungen der Seeunfälle zu vertrauen, um dann einer Zentralinstanz in Berlin, welche man dem Reichsministerium des Innern angliedern könnte, das gesamte Material zur Entscheidung zu unterbreiten. Sollten sich dann noch Unstimmigkeiten internationaler Art ergeben, so könnte der Fall einem internationalen Schiedsgerichtshofe unterbreitet werden.

Der Tit. VIII sieht nun den allgemeinen Meinungsaustausch der Staaten über die auf Grund des Vertrages gemachten Erfahrungen vor. Ueber die Durchführung der gesetzgeberischen Arbeiten zur Wirksamkeit der Betragsbestimmungen sowie über alle Fragen, die sich mit den Gebieten des Vertrages befassen, sollen stets zwischen den Kontrahenten Mitteilungen ausgetauscht werden. Anordnungen und Nachrichten vertraulichen Charakters unterliegen natürlich nicht diesem Austausch.

Die allgemeinen Bestimmungen regeln den Gang der Ratifikation und des Beitrittes. Ebenso wird in den allge-

---

[1]) Bei einem Bestand von 10009 englischen und 2019 deutschen Dampfern entfallen im Jahre 1913 auf England 117 und auf Deutschland 21 Totalverluste. Das bedeutet für England 1,17%, für Deutschland 1,04%. Im Jahre 1912 kommen in England auf 100 Mann Besatzung 1,01% Todesfälle, in Deutschland 0.53%.

[2]) Antrag Schumann in der Reichstagsfitzung vom 30. April 1917.

meinen Bestimmungen die Dauer des Vertrages festgesetzt. Nach Art. 74 kann der Vertrag erst im Jahre 1920 durch Konferenzbeschluß geändert werden.

Die internationale Freibordkonferenz.

I. Lücken des Londoner Vertrages.

Die Beschlüsse der Londoner Seefahrtskonferenz sind wohl ein bedeutender Fortschritt auf dem Gebiete der Sicherheit des internationalen Seeverkehrs. Eine vollkommene Sicherheit gegen die drohenden Gefahren auf hoher See zu schaffen, ist allerdings ein unerreichbares Ziel. Man hat auf der Konferenz sein Möglichstes getan, die Gefahren, welche dem menschlichen Leben drohen, auf ein Minimum zu beschränken, denn schließlich bleibt der Mensch im Kampfe mit den Naturgewalten doch stets der Schwächere. Die durch die Beschlüsse der Londoner Konferenz an die Schiffahrtsgesellschaften der einzelnen Länder gestellten Forderungen legen ihnen erhebliche Lasten auf. Aber da durch dieselben der internationale Schutz des menschlichen Lebens auf hoher Seee stark gesichert wird, so erscheinen sie erträglich im Interesse des Allgemeinwohles.

Im Vertrage treten jedoch außer den schon erwähnten noch einige Lücken hervor, deren Beseitigung der geplanten „Freibordkonferenz" vorbehalten sein soll. Dies gibt die Londoner Konferenz auch selbst zu, denn sie spricht in einem Nachtrage noch eine Reihe von Wünschen aus. So sollen noch besondere Vorschriften seitens der Kontrahenten, welche den Londoner Vertrag unterzeichnet haben, erlassen werden, um den Zusammenstoß der Schiffe untereinander und mit Unterseebooten durch weitere Maßnahme, als bisher geschaffen, zu verhüten. Ferner wird die Ausrüstung der Schiffe mit Scheinwerfern angeregt, denn diese sind von großer Wichtigkeit in nebligen und dunklen Nächten. Allerdings herrscht in den seemännischen Kreisen darüber Einigkeit, daß die Scheinwerfer nicht als festes Licht geführt werden sollen. Nur in besonderen Fällen ist von ihnen auf Befehl

Gebrauch zu machen, um sie dann zeitweise zu verwenden. Mit all diesen Fragen soll sich, wie gesagt, die internationale Freibordkonferenz befassen. Diese konnte jedoch infolge Ausbruch des Weltkrieges noch nicht zusammentreten. Es ist auch noch nicht vorauszusehen, wann ihr Zusammentritt erfolgen wird.

Die Bezeichnnng „Freibord" bedarf noch einer kurzen Erklärung. Der „Freibord" ist der senkrechte Abstand von der Tiefladelinie bis zur Tauchgrenze, gemessen in der Mitte der Schiffslänge. Die einzuberufende Konferenz hat sich also mehr mit den Überwasserfragen und Überwassersicherheitsmaßnahmen zu befassen. Ihr bieten sich außer den schon oben erwähnten noch eine Reihe lohnenswerter Aufgaben.

So hat bei der Untersuchung der „Titanic"-Katastrophe das Seegericht in London festgestellt, daß unter Berücksichtigung der besonderen Gefahren, welche das Schiff umlauerte, der Ausguck nicht hinreichend genügt hatte. Bei dem Erreichen der Gefahrzone war der Ausguck nicht verschärft worden. Es befanden sich nur Mannschaften in dem Krähennest des Schiffes. Ein Marineglas war ihnen auch nicht gegeben worden. De lege ferenda dürfte es sich daher empfehlen, durch eine Verordnung zu bestimmen, baß beim Erreichen der Gefahrzone eine Alarmbereitschaft anzuordnen ist. Alle Schotten wären zu schließen, alle Rettungsboote klar zu machen, die Fahrgeschwindigkeit müßte auf das vorgeschriebene Maß gemindert, der Ausguck verstärkt und durch Offiziere unterstützt werden. Vielleicht beorder man überhaupt einen älten Offizier in den Ausguck. Vor allem jedoch hat der Käpitän selbst durch die Gefahrenzone hindurch die Führung des Schiffes zu übernehmen. Das Vorwort des „Wachordrebuches" besagt zwar:

> „Der Wachhabende hat bis zur Übernahme des Kommandos durch den Kapitän in jeder Hinsicht nach eigenem Ermessen zu handeln und sich jederzeit bewußt zu sein, daß er in Abwesenheit des Kapitäns die volle Verantwortung trägt."

Auf dem „Titanic" hatte der erste Offizier, welcher das Kommando beim Passieren der Gefahrzone hatte, vollkommen versagt. Als das Schiff auf den Eisberg aufgelaufen war, und der erste Offizier die Größe der Katastrophe erkannte, zog er den Revolver und erschoß sich. So entzog er sich feige seiner Verantwortungspflicht gerade in dem Augenblicke, wo von seinem Handeln die Rettung hundertern von Menschen abhing. Auf der Fahrt trifft die Verantwortung in erster Linie den Kapitän allein. Seit hunderten von Jahren ist dies das vornehmste Ehrengesetz für einen Kapitän und gegen dieses Gesetz hatte der Kapitän Smith leichtsinnig verstoßen.

Darüber, ob man den Mannschaften im Ausguck Marinegläser mitgeben soll oder nicht sind die Ansichten der Fachleute geteilt. Die amerikanische Auskunft, welche man über diese Frage eingefordert hatte, besagt:

„Obgleich die Ausguckleute mit Such- oder mit Doppelgläser ausgerüstet waren, ist es von Interesse zu bemerken, daß die Eisberge ohne Ausnahme zuerst mit unbewaffnetem Auge gesehen wurden."

Die Untersuchung der „Titanic"-Katastrophe hatte übrigens ergeben, daß der verhängnißvolle Eisberg schwarz gewesen war, also nicht sehr leicht erkannt werden konnte. Trotz des amerikanischen Gutachtens wird es jedoch von verschiedenen Seiten für wesentlich gehalten, die Mannschaften mit Gläsern auszurüsten, um ihnen wenigstens im Zweifelfalle eine Hilfe geben zu können. Im übrigen sind während der Alarmbereitschaft die Scheinwerfer manövrierbereit zu halten, damit sie im Augenblicke der Gefahr sofort in Tätigkeit treten können.

Auf der Londoner Konferenz hat man sich darauf beschränkt, in erster Linie den Schutz der Passagiere an Bord der Hochseeschiffe zu regeln. Die Freibordkonferenz hätte sich aber weiter auch mit der Frage der Sicherheit der Frachtdampfer zu befassen. Diese Frage ist schwierig und mannigfaltig. Man hatte sich auf der Londoner Konferenz deshalb auf die Passagierschiffe beschränkt, um ein eng und scharf begrenztens Arbeitsprogramm vor sich zu haben. Dieses bot schon hinreichende Schwierigkeiten, die jedoch im Hinblick auf das gemeinsame hohe Ziel beseitigt wurden.

Ferner fehlen in dem Londoner Vertrag die Strafbestimmungen, welche beim Nichtbefolgen der internationalen Verordnungen einsetzen sollen, voll und ganz. Auch die Einzelgesetzgebung der Kontrahenten bietet hier keine hinreichende Maßnahme. Es wird in dem Vertrag überhaupt nicht davon gesprochen, welche Strafbestimmungen bei Verstößen gegen die Verordnungen des Abkommens anzuwenden sind. Dies ist ein großer Fehler. Es entsteht die Frage, nach welchem Gesetz ein Schiff, welches gegen die Bestimmungen des Vertrages sich vergangen hat, abzuurteilen ist. Nach welchem Gesetz wird z. B. ein englisches Schiff, das in einen schwedischen Hafen mit einem unzulänglichen Bootsraum an Rettungsmitteln angetroffen wird, — es hat die Boote, um Platz zu gewinnen, über Bord geworfen — gerichtet? Da das Schiff „comme une partie flottante du territoire auquel il appartient" zu behaupten ist, so muß man annehmen, daß es dem Gesetze des Flaggenstaates unterworfen ist. Wer bietet aber die Garantie dafür, daß auch wirklich eine Untersuchung und Verurteilung erfolgt? Der Vertrag selbst gibt keinerlei Garantie. So bleibt die Frage der Strafbestimmungen zunächst offen und verdient die Beachtung der internationalen Freibordkonferenz. Vielleicht entschließt man sich zur Einsetzung des schon oben vorgeschlagenen internationalen Gerichtshofes, welcher über die Vergehen gegen die Bestimmungen des Londoner Vertrages als oberste Instanz sein Urteil fällen soll. Die Konferenz hätte sich dann mit der Zusammensetzung und den maßgebenden Richtlinien, nach welchen der Gerichtshof zu handeln hat, zu befassen.

Vielleicht hebt man weiterhin die Beschränkung des Art. 2 des Londoner Vertrages überhaupt auf und dehnt den Schutz auf alle Schiffe in entsprechendem Maße aus. Bisher waren nur solche Schiffe, welche mehr als 12 Passagiere — 50 für Funkentelegraphie — an Bord hatten, den Bestimmungen des Vertrages unterworfen.

Mit allen diesen Fragen des Londoner Vertrages, welche bisher in dieser Abhandlung als offenstehend angeführt worden sind, hat sich also die später zusammentretende Freibordkonferenz zu befassen. Im Verlaufe des Krieges sind nun noch weitere Mängel auf dem Gebiete der Sicherheit des internationalen Schiffsverkehrs hervorgetreten, welche einer unbedingten Regelung bedürfen.

II. Verbot von Munitionsverfrachtung an Bord von Passagierschiffen.

Der englische Cunard-Dampfer „Lusitania" wurde am 7. Mai 1915 nahe der Küste von Irland, 8 Meilen von der drahtlosen Station Old Head, das Opfer eines deutschen Unterseebootangriffes, welcher ohne Anruf erfolgte. Ohne nun auf die völkerrechtliche Lage des Falles selbst eingehen zu wollen, sind die Fragen, welche den internationalen Schutz des menschlichen Lebens betreffen, — es handelte sich hierbei um Angehörige neutraler Staaten — hier kurz zu erörtern. Denn wenn es auch in der bekannten Definition heißt „Omnia licere in bello qua necessaria sunt ad finem belli", so muß doch auf das Interesse der neutralen Staaten Rücksicht genommen werden.

Es handelt sich zunächst um die widerrechtliche Verfrachtung von Munition und Kriegsmaterial an Bord eines Passagierschiffes. Die im „Lusitania"-Fall angestellten Ermittlungen haben ergeben, daß Munition verfrachtet worden war. So veröffentlichte z. B. die „New York Times" in ihrer Ausgabe vom 8. Mai 1915 den Inhalt der von dem Kapitän der „Lusitania" vor dem Seegerichtshof beschworenen Ladeliste.[1]) Am Schlusse derselben heißt es:

Für Liverpool:
1. Munition in 1271 Kisten Wert   47624 Dollar,
2. Kriegsmaterial 189 Pack.   „   66221   „
3. Messingplatten 260000 Pfd. „   49565   „
4. Kupfer 111762 Pfd.   „   20955   „
5. Kupferdraht 58465 Pfd.   „   11000   „ usw.

Für London:
Patronen und Munition in 4200 Kisten Wert 152400 Dollar usw. Späterhin wurde noch bekannt, daß die „Lusitania" 250000 Pfd. Tetrachlorid an Bord führte. Dieses sollte zur Herstellung von Gasbomben verwandt werden. Ferner waren noch 4200 Kisten Patronen für Handwaffen und 1250 leere Schrapnellhülsen, deren Füllung in England vorgenommen werden sollte, an Bord des Dampfers. Man kann also nicht behaupten, daß die Ladung der „Lusitania" harmlos war. Man fragt sich wohl

---
[1]) Steinuth, S. 20.

mit einiger Verwunderung, wie die „Cunard-Line" es unternehmen konnte, den Dampfer als **Passagierdampfer** auslaufen zu lassen, denn die Munitionsverfrachtung war eine grobe Rücksichtslosigkeit gegen die Passagiere, welche sich an Bord der „Lusitania" befanden. Aber die Munitionslieferung an und für sich mag man denken, wie man will. Es mag an anderer Stelle erörtert werden, inwieweit dieselbe den allgemeinen Bestimmungen über die Neutralität der Staaten, widerspricht. Nach Ansicht Liebers ist sie

„la plus grande infraction au droit des gens que l'histoire connaisse".[1])

Der „Lusitania"-Fall ist nicht nur ein klassisches Beispiel von Kriegsfrivolität, sondern ein flagranter Beweis für die Verletzung internationaler Abmachungen auf dem Gebiete des Völkerrechtes. Denn die Handlungen der „Cunard-Line" verstoßen u. a. auch gegen den Art. 55 des Londoner Vertrages vom 20. Jan. 1914.[2]) Die amerikanische Regierung ihrerseits verbietet den Munitionstransport durch die Bestimmungen der Passenger Acts. Es wäre also den Beamten der amerikanischen Zollbehörde bei korrekter Dienstauffassung ein leichtes gewesen, die Ausfahrt der „Lusitania" zu verhindern. Dann hätte die Regierung der Vereinigten Staaten weiterhin mit einer Warnung gegen die Benutzung von Schiffen der kriegführenden oder solcher, welche dem Munitionstransport dienten, den Schutz des menschlichen Lebens seiner Staaten übernehmen können, denn

„it is an undubitable duty of every nation to protect its subjects both at home and abroad".[3])

Seitens der deutschen Botschaft war allerdings eine Verwarnung ausgegangen, dieselbe trug jedoch keinen amtlichen Charakter. Die Frage der Munitionsverfrachtung müßte also noch auf einer Konferenz international geregelt werden, damit ein sicherer Schutz der Neutralen auch im Kriege erreicht wird. Denn es ist unmöglich, daß sich seefahrende Großstaaten gänzlich außerhalb

---

[1]) Revue du droit international. S. 462.

[2]) Derselbe ist allerdings noch nicht ratifiziert, besitzt jedoch stillschweigend allgemeine Gültigkeit.

[3]) Historicus S. 7.

jeglichen Rechtes stellen, um ihren Interessen rücksichtslos nachgehen zu können. Das Interesse der Neutralen muß berücksichtigt werden, wenn es auch nicht das höchste Gesetz sein kann, da die Niederwerfung des Gegners Endzweck ist. Es muß sich eine Einigung auf diesem Gebiet erzielen lassen, denn sonst gibt es nur ein Mittel, das Leben der Neutralen zu sichern, nämlich ihnen zu raten, zu Hause zu bleiben.

Trotz des Geschickes der „Lusitania" ging die Praxis, Munition auf Passagierdampfern zu verladen, ruhig weiter. So befanden sich an Bord des „Cunard"-Dampfers „Ordura" und des „White Star" Dampfers „Arabic" große Mengen Kriegsmaterial und Munition. Man spielte freventlich mit dem Leben der Passagiere.

Bei der Neuorientierung dieser Materie des Völkerrechts muß verhindert werden, daß die Fortentwicklung der Sicherheit der Seeschiffahrt durch die Interessen der Schwerindustrie aufgehalten wird. Die internationale Regelung des Schutzes des menschlichen Lebens der Neutralen im Kriege verlangt es, daß jegliches Privatinteresse, gleich welcher Art es auch immer sein mag, zurücktritt.

„Suprema lex, salus publica!"

Am 26. Februar 1891 verhallte mein erster Schrei auf diesem erloschenen Trabanten der Sonne. Der Standesbeamte in Coeln registrierte mich als der zweitgeborene Sohn des Fabrikbesitzers Carl Albert Becker und seiner Ehefrau Maria geb. Peters.

Die Grundlage zu meiner wissenschaftlichen Ausbildung wurde im elterlichen Hause durch privaten Unterricht gelegt. Ihre Fortentwicklung erfolgte dann durch den Besuch der Realgymnasien in Coeln und Schwelm und wurde abgeschlossen durch die am Lyceum in Metz abgelegte Reifeprüfung.

Meiner militärischen Dienstflpicht genügte ich im 3. Bad. Dragoner-Regiment Nr. 22, in das ich als Fahnenjunker eingetreten war. Bald hatte sich jedoch mein Interesse der Fliegerei zugewandt, und mein Wunsch war, meine Ausbildung durchzusetzen. Erst meine Überführung zu den Einj. Freiwilligen des Regimentes ermöglichte mir die Verwirklichung dieses Planes. Im Herbst 1913 machte ich dann meine ersten Passagierflüge und begann im Februar 1914 mit der Privatausbildung. Das Flugzeugführerpatent (Nr. 791) der Fédération Aéronautique Internationale wurde mir am 15. Juni 1914 zuerkannt.

Die Anordnung der Mobilmachung unterbrach meine begonnene Übung und dem Befehl gemäß meldete ich mich als Flugzeugführer in Darmstadt. Bald erfolgte meine Ernennung zum Offizier. 1914/15 flog ich an der Westfront und wurde Ende 1915 einer Fliegerabteilung in Serbien zugeteilt, wo ich bis 1917 mit kurzer Unterbrechung tätig war. — Anfang 1917 bestätigte eine A.K.O. meine Anstellung im aktiven Offizierkorps des 3. Schlesischen Dragoner-Regiments Nr. 15. — Im März 1918 erfolgte meine Versetzung zur Türkei, wo ich der Heeresgruppe Falkenhayn in Palästina zugeteilt wurde. Die klimatischen Verhältnisse zwangen mich jedoch leider nach fast fünfmonatlicher Tätigkeit nach Deutschland zurückzukehren, wo ich zum Stabe des Kommandeurs der Flieger des IV. A.K. versetzt wurde.

Nach Abschluß des Waffenstillstandes wurde ich zur Aufnahme meiner juristischen und nationalökonomischen Studien, die ich an den Universitäten Berlin und Bonn betrieben hatte, beurlaubt. Auf Grund meiner eingereichten Dissertation: „Der völkerrechtliche Schutz des menschlichen Lebens auf hoher See" promovierte ich dann am 16. Juli 1919 an der Universität Würzburg cum laude zum Doctor utriusque iuris et rerum politicarum.

Im Verlauf des Feldzuges wurde mir neben andern deutschen und außerdeutschen Auszeichnungen das Flugzeugführerabzeichen und das E. K. I. für Tapferkeit vor dem Feinde verliehen.